말과 말 사이에서

인 지
생 략

| 들꽃동인선 63 |

창작이십일작가회 작품집 9집

말과 말 사이에서

2025년 12월 10일 초판인쇄
2025년 12월 13일 초판펴냄

지은이/ 김이담 외

편집위원/ 안재홍 조길성

펴낸이/ 문창길

펴낸곳/ 도서출판 들꽃
주소/04623 서울 중구 서애로 27 서울캐피탈빌딩 107호
전화/02) 2267-6833,2273-1506
팩스/02) 2268-7067
출판등록/제1992-000121호
E-mail:dlkot108@hanmail.net

값 15,000원

*파본된 책은 바꾸어 드립니다.

ISBN 978-89-6143-250-4 03810

들꽃동인선 63
말과 말 사이에서
|창작21작가회 제9집|
들꽃

■ 책머리에

이제 우리가 일어설 때다

어느새 한 해가 또 기울고 있다. 돌아보면 나는 무엇을 하고 살았던가. 무언가에 쫓기듯 허둥대며 살았지만 두 주먹에 쥔 것이 없다. 다만 내란의 시간은 길어 분노와 허탈만이 하루하루를 채운 것은 아닌가. 민주주의는 말이 아니라 행동인데 먼 지방에 머무는 동안 '빛의 혁명'에도 제대로 참여해 보지 못했다. 아직도 끝나지 않은 그 시간만이 마음속에 저수지처럼 고여있다.

어찌 되었든 우리 『창작21작가회』는 글쓰는 사람들의 모임이다. 글쟁이는 글로 말하고 화가는 그림으로 말한다. 그러니 한편의 글이라도 최선을 다해야 한다. 남이 어쩌든 나는 내 길을 가야 한다. 길이란 처음 걸어간 자의 것이니 새로운 생각, 새로운 문법을 모색해야 한다.

남산에서 돌을 던지면 시인이 맞는다는 우스게 소리처럼 이 시대에는 독자는 없고 시인이 넘쳐난다. 그럼에도 너무 쉽게 시를 쓰고 너무 쉽게 책을 내는 시인들이 많은 것도 사실인 듯하다. 짧은 글인 시는 그렇게 호락호락한 글이 아니다. 시는 일기장도 아니요 생활 잡문도 아니다.

물론 우리 문단도 세계를 향해 발걸음을 내딛는 희망의 빛을 보이고 있다. 한강의 노벨문학상, 김혜순은 시집 『날개 환상통』으로 전미도서비평가상, 김이듬의 시집 『히스테리아』는 전미번역상과 루시엔스트릭번역상을 동시에 거머쥐기도 했다.

우리는 그들의 먼 곳의 이야기로 받아들여서는 안 된다. 그렇다고 마냥 부러워하거나 우러러볼 일도 아니다. 축하하고 기뻐할 일이지만 같은 길 위에 서 있는 작가는 자신만의 목소리로 새로운 그림을 그려야 한다. 문학은 사실을 기록하는 것이 아니라 경험한 세계에 상상을 더하여 진실을 찾는 작업이라 생각해 본다.

가끔씩은 참여시라 하여 진부한 설명을 하거나 구호를 외치는 경우를 본다. 문학은 문학으로 존재해야 한다. 내면의 세계를 눈에 보일 듯 귀에 들리는 듯 생생한 이야기 또는 이미지로 씨줄 날줄을 잡아 한 폭의 비단을 짜야 한다.

문학은 평범한 일상에 있으면서 그것을 들추어 세상에 드러내는 작업 아닐까. 우리 사는 세상의 모순과 하층민의 눈물을 객관적인 눈으로 새로운 언어로 직조해 낼 때 비로소 생명을 얻는 것은 아닐까. 그러기 위해서는 우리 작가회의 모든 이들은 새로운 눈을 뜨고 어둔 세계에 항상 귀를 열어두어야 한다는 것.

진실은 수다스런 말이 아니다. 꼭 맞는 비유metaphor만이

진실을 드러낸다. 비유는 독자들에게 다가가면 수 많은 상상의 날개를 편다. 그리하여 새로운 의미로 울음을 우는 새가 된다. 생각해 보라. 설명은 그것으로 의미가 한정됨을, 신문기사는 사건의 전달만 하지만 문학은 이야기 너머의 이야기를 끌어낸다.

쓸데 없는 소리로 이야기가 길었다. 이제 우리가 일어설 때다. 새로운 언어를 찾아내고 나만의 비유로 글을 쓰자. 오는 해에는 안이한 생활과 관습을 버리고 언어의 금맥을 찾아 나서는 광부가 되자. 슬픈 이들의 눈물을 반짝이게 하자. 다짐해 보는 을사년乙巳年이 기울고 있다. 그러나 긴 겨울을 넘긴 자만이 새봄을 꽃피울 것이다.

창작21작가회장 김이담

|시 · 2|

소설

아주 특별한 소망
-김만덕 뎐

정 수 남

1

며칠째 바다가 계속 울고 있었다.

날이 밝았으나 난바다를 숨차게 달려온 파도는 그날도 갯바위를 타고 넘으며 높다란 물기둥을 세우고 있었다. 바람 탓에 돛을 내린 채 이마를 맞대고 접안해있는 배들이 파도가 달려들 적마다 위태롭게 몸을 흔들었다. 선착장으로 나와 바다를 바라보던 만덕은 한숨을 길게 토해냈다. 벌써 며칠째인가. 그래도 앞뒤 분간할 수 없을 만큼 퍼붓던 장대비가 그친 것은 다행이었다.

그때였다. 만덕이를 따라 눈을 비비며 나와 섰던 막손이가 손가락으로 어딘가를 가리키며 소리를 질렀다.

"저기 사람이 보임쑤다!"

그녀가 가리키는 곳은 멀지 않은 곳이었다. 파도에 떠밀려 온 시체가 너럭바위에 걸려 낡은 거적때기처럼 오르내리고 있었다. 누더기가 된 갈옷을 입은 품이 남정네 같았다. 시신은 파도가 들어 올릴 때마다 살아있는 것처럼 팔을 흔들곤 했다. 만덕은 눈길을 돌렸다. 또 살길을 찾아 섬을 탈출하던 한 생명이 비바람에 그만 육지에 당도하지도 못한 채 목숨줄을

놓은 게 분명했다.

앞으로 얼마나 더 사람들이 굶어 죽어야 이 흉년이 끝날까. 살아 있어도 살아 있다고 할 수 없는 저들의 배고픔을 누가 채워줄 수 있을까. 저 사람 역시 얼마 전까지는 제주의 백성으로 살면서 숨 쉬지 않았겠는가. 객주로 발길을 돌리던 만덕은 한라산을 덮고 있는 먹구름만큼이나 마음이 무거웠다.

본디 제주는 화산섬으로, 땅심이 얕고 들떠서 논농사는 고사하고 밭작물도 풍작을 기대하기 어려운 실정이었다. 거기에 바람과 비와 돌까지 많아 걸핏하면 흉년에 시달리기 일쑤였다. 그런 가운데에서도 정조 16년부터 19년에 걸쳐 불어닥친 흉년은 최악이라고 아니할 수가 없었다. 정조 16년 가을에는 굶어 죽은 사람이 수천 명에 이르렀고, 다음 해 8월에 불어닥친 태풍은 정의현과 대정현 두 고을을 완전히 초토화시켜 버리고 말았다. 그러나 불행은 거기에서 그치지 않았다. 18년 8월에도 다시 태풍과 해수가 몰아쳐 제주 지역 백성의 절반가량이 굶어 죽는 사태가 벌어져 올레마다 시체 썩는 냄새 때문에 숨을 쉴 수가 없을 지경이었다. 마치 하늘과 바다와 땅이 한데 뭉쳐 섬에서 사람을 몰아내려고 하는 것 같았다.

'정조실록'에 의하면 이때 제주도민의 3분지 1이 굶어 죽었다고 기록되어 있다. 1794년 제주 인구가 62,698명이었는데 1795년 겨울에는 47,735명이었다는 것은 1년 만에 17,963명이 굶어 죽었다는 것을 의미했다.

그런데도 제주의 백성들은 앉아서 고스란히 그 천재지변을 맞이할 수밖에 없었다. 섬이 지닌 특성상 지역을 쉽게 벗어날

수도 없었을 뿐 아니라 특히 백성이 육지로 올라오는 것을 막기 위해 조정에서 내린 출육금지라는 엄명이 포승줄이 된 탓이었다. 그래도 남자들은 호시탐탐 고기잡이와 교역을 핑계 삼아 배를 타고 탈출을 시도했다. 물론 된바람을 만나 배가 난파되는 통에 바다에 빠져 죽는 일이 허다했으나 앉아서 죽는 것보다는 낫다는 생각에서 비롯된 행동이었다. 배를 타고 몰래 육지로 빠져나간, 가진 자들의 행색이 그들에게는 우상이었다. 문제는 여자들이었다. 여자들은 배를 타는 것조차 금지되어 있을 뿐만 아니라 육지로는 시집도 가지 못하도록 국법으로 엄히 다스리고 있어 옴짝달싹할 수가 없었다. 그런 까닭에 가사와 농사, 물질 등, 온갖 궂은일은 모두 도맡아 하면서도 태어난 곳에서 그냥 죽을 수밖에 없었다. 만덕은 그게 늘 의문이었다. 왜, 다 똑같은 사람인데 여자만 차별받아야 하는지 안타까웠다.

그렇다고 조정이 손을 놓고 있었던 것은 아니다. 장계를 통해 이 같은 사태를 알게 된 정조는 19년 2월 전라감사에게 배 열두 척에 진휼곡 5천 석을 새 목사인 이우현에게 주어 제주로 운반하도록 분부했다. 그러나 또 다른 불행은 제주를 향해 오던 그 배 가운데 5척이 난파당하는 바람에 정작 제주에 당도한 것은 고작 3천 석에 불과했다는 점이다. 결국 그것은 백성들의 기근을 잠시 채워줬을 뿐, 금방 동이 나버렸고, 목사의 거듭된 강권에 못 이겨 세 사람이 구휼미를 보탰으나 그것조차 바닥이 난 상태였다. 보리 추수를 할 5월까지는 아직도 많은 날이 남았는데….

"사람 목숨이 파리 같으우다!"

물허벅을 메고 부엌에서 나오면서 막손이가 진저릴 쳤다.

그때였다. 동문시장에 나갔던 칠성이가 허겁지겁 뛰어 들어오다가 막손이와 마주치자 큰 소리로 말했다.

"벌써 구휼미가 다 떨어진 모양이야. 혹시나 하고 향청에 갔던 사람들이 빈손으로 돌아서더라니까. 그 사람들 이제 어떻게 사냐?"

만덕은 그 소리를 듣고도 입을 열지 않았다. 산 입에 거미줄 치랴, 하는 속담이 있지만, 정말 산 입에 거미줄을 칠 수 있다는 것을 만덕은 요즘 들어와 새삼 절감하고 있었다. 막손이가 물허벅을 내려놓고 한숨을 길게 내쉬었다.

"내가 그럴 줄 알았다니까."

"맞아, 어쩐지 차인들이 큰소리 빵빵 치는 게 수상쩍다고 했는데, 딱 맞았지 뭐야."

빈정거리는 칠성이의 말을 한 귀로 흘리며 만덕은 하늘을 올려다보았다. 먹구름이 두껍게 덮고 있는 하늘은 또 금방이라도 빗줄기를 뿌려댈 것 같았다.

칠성이가 호들갑을 떠는 데는 이유가 있었다. 제주의 터줏대감이라고 늘 거드름을 피우던 토호 가운데에서 고한록과 홍삼필, 양상범 등이 내놓은 구휼미까지 어느새 바닥이 났다는 것이었다. 하긴, 모자란 진휼미를 보태기 위해 마지못해 내놓은 게 고작 5백 석에 지나지 않는데, 그것으로 굶주린 백성들의 배를 몇 날이나 채울 수 있었겠는가.

"대궐 같은 기와집이나 짓지 말고 이럴 땐 백성부터 생각해야 하는 거 아니야?"

칠성의 볼멘소리는 막손이가 용천을 향해 객주를 빠져나갈 때까지 계속되었다. 이런 위급한 때에도 열두 칸 기와집을 짓고 있는 사람은 홍삼필이고, 관아에 줄을 대고 진상권을 장악하여 큰돈을 번 사람은 양상범이었으며, 전 현감인 고한록은 3대째 거상 소리를 듣는 집안의 장손이었다.

"소나이들이 그게 무슨 짓들이야, 쩨쩨하게."

만덕은 그러나 그들을 탓하지 않았다. 돈이 힘이라고 믿는 사람이라면 흔히 취할 수 있는 일이었으므로 딱히 남자나 여자를 가릴 필요가 없었다. 얼마 전까지는 만덕도 그랬다. 재물이 전부인 줄 알았다. 그래서 한 푼이라도 더 모으기 위해 여자의 몸으로 화북포구에 객주를 차리고 아득바득 벌었으며, 온갖 훼방과 수모도 감수하지 않았는가. 자나 깨나 그녀의 머릿속에는 어떻게 하면 더 많은 돈을 벌 수 있을까, 하는 궁리뿐이었다.

만덕은 눈을 감았다. 방금 보고 돌아선 시체가 눈앞에 어른거렸다. 바닷물에 잠겼다가 떠오르곤 하던 시체가 자꾸만 자신을 향해 무언가 울부짖는 것 같았다. 멀어졌다 가까워지는 바닷소리가 고막을 때렸다. 그나저나 만재가 타고 나간 배는 언제나 돌아올까. 바람이 맞지 않는 것일까. 상추자도까지는 왔을까. 만덕은 이번 배에 싣고 올 물목인 소금과 곡물보다 동생인 만재의 안전이 먼저 걱정스러웠다.

그날 밤 만덕은 꿈속에서 아버지를 만났다.

아버지는 꿈에서도 바다와 싸우고 있었다. 파도에 배가 한쪽으로 기울어졌으나 아버지는 여전히 키를 놓지 않고 있었

다. 아방, 어서 빠져나오세요. 만덕이 외쳤으나 아버지는 듣는지 못 듣는지 쳐다보지도 않았다. 그게 뭐라고, 아버지는 배가 물에 가라앉는데도 끝끝내 노를 잡은 격군들을 격려하며 배를 버리지 못하고 있었다. 물품 하나도 잃어서는 안된다! 아버지의 절규가 비바람에 잦아들었다. 제주에서 싣고 간 미역과 전복 등 각종 해산물과 감귤 등이 어느새 바닷속으로 흔적없이 잠기고 있었다.

그게 뭐라고, 정말 그게 뭐라고, 아버지는 끝끝내 붙들고 계셨을까…. 만덕은 한숨을 길게 내쉬었다.

2

새벽부터 객주는 사람들로 북적거렸다. 팔을 걷어붙인 일꾼들이 창고에서 짐을 나르며 내는 발걸음 소리에 눈을 뜬 만덕은 마당에 나와 바람의 방향과 세기를 살폈다. 날씨는 다행히 괜찮았다. 동풍이 돛을 올리기에 적당할 정도로 불고 있었다. 그녀는 칠성을 불렀다. 창고에서 행상들의 짐을 챙겨주며 한담을 나누던 그에게 포구로 나가 밤새 들어온 배들이 있는지, 또 제주 배가 육지로 떠났는지 알아보고 오라고 일렀다. 잠시 뒤 그는 들어온 배는 아직 없으나 제주 배들은 떠날 채비를 서두르고 있다는, 반가운 소식을 들고 왔다. 며칠간 일꾼들이 마실 식수와 부식을 싣고 있다는 것이었다. 그렇다면 머잖아 만재가 탄 배도 화북포구로 들어올 게 틀림없었다. 그러면 잠시 주춤했던 포구도 다시 활기를 띠게 될 것이고, 객주 역시 더 바빠질 게 분명했다.

그날 만덕의 발길은 어느 때보다 가벼웠다. 그것은 마침내 어젯밤 마음을 결정했기 때문이었다. 그것은 비단 아버지를 만난 꿈 때문만이 아니었다. 그렇다고 부족한 세 사람의 구휼미 때문만도 아니었다. 어찌 보면 그것은 그 이전부터 만덕의 마음을 무겁게 하던 것, 다시 말하면 재물이란 과연 무엇인가, 하는 물음에 대한 해답이었다. 재물을 모으는 것은 결국 나누기 위한 게 아니겠는가. 만덕이 내린 결론은 세상은 혼자 사는 게 아니라는 것이었다. 거기까지 생각한 만덕은 그렇다면 평생 모은 재산은 자신을 이렇듯 거상으로 키워준 제주 사람들이 어려울 때 사용해야 하는 게 당연하다는데 이르게 되었다.

창고를 한 차례 둘러본 만덕은 마구간을 돌아 안거리 쪽으로 다시 돌아섰다. 안거리는 말하자면 만덕이 기거하는 상단의 본채나 다름없는 곳이었다. 모든 의논과 결정은 대부분 거기에서 이루어졌다. 그렇게 보면 그곳이야말로 오늘날 만덕 상단을 만든 곳이나 다름없었다.

"이런 날씨면 우리 배도 곧 들어오지 않겠수꽈?"

만덕을 발견한 막손이가 부엌에서 뛰어나오며 반겼다.

"글쎄, 그랬으면 좋겠구나."

객주는 주로 주문을 받고 배에서 내린 물자를 대상인이나 행상에게 중개해 주는 중개업과 그것을 맡아 관리하는 위탁업과 또 직접 제주의 특산물을 싸게 사서 육지로 수송하여 판매하고, 육지의 물품을 현지에서 구매하여 도매형식을 빌어 섬의 행상에게 파는 행위를 했다. 물론 그러기 위해서는 바람이 맞지 않아 며칠 동안 떠나지 못하는 육지의 사공이나 격군, 상인들에게 숙식을 제공하는 일도 부수적으로 따랐다. 그

러니까 관기에서 가까스로 양민 신분을 회복한 스무 살부터 시작하여 오십 중반에 이르도록 만덕은 그와 같은 일을 거듭한 끝에 제주에서 거상으로 우뚝 서게 된 것이었다. 더구나 만덕은 여타의 다른 상단들이 하는 것과는 다르게 각 고을을 찾아다니며 생산자들과 직접 거래를 통해 특산물을 주문생산하게 했으며, 육지 물품도 싸게 공급, 박리다매 형식을 취했다.

하지만 거기에도 문제가 없는 것은 아니었다. 고집이 센 만재를 어떻게 이해시킬 수 있을까, 하는 게 난제였다. 사실, 따지고 보면 상단의 행수는 분명 자신이지만, 여기에 이루도록 온갖 어렵고 힘든 일을 군말 없이 도맡아 해 온 것은 동생 만재였다. 그가 누구인가. 어머니를 역병으로 잃은 뒤 배고픔을 견딜 수 없어 먼 친척 집에 맡겨져 마름처럼 지낸 아이였다. 따라서 그는 어렸을 때부터 생존을 위해 익힌 대로 몸놀림이 재고 강했다. 눈치 또한 빨랐다. 사실, 이만큼 재산을 이룬 데에는 그의 그런 공로가 컸음은 물론이었다. 그런 까닭에 만덕은 그를 무시하고 싶지 않았고, 더더욱 두 살 손위라는 것을 앞세워 강압적으로 처리하는 것은 사리에 맞지 않는다고 생각했다.

만재가 타고 온 영주호가 화북포구에 무사히 닻을 내린 것은 만덕이 마음을 정한 지 이틀 후였다. 그러나 만덕은 곧바로 뜻을 전달할 수가 없었다. 선단을 이룬 제주 배 몇 척과 함께 달포 만에 제주에 돌아온 만재가 바빴기 때문이다. 만재는 쉴 사이도 없이 싣고 온 소금과 곡물, 면화를 창고에 들이고, 또 물건이 들어온 것을 알고 달려온 행상들에게 그것들을 나

누어 파느라고 정신이 없었다.

만덕이 그를 안거리로 부른 것은 그로부터 또 이틀이 지난 해거름 무렵이었다. 오랜만에 남매가 마주 앉은 자리였으나 만덕의 뜻을 눈치채지 못한 만재는 회계장부를 들고 육지에서 구매한 물목의 수량과 대금 지급에 대해서, 그리고 행상들에게 풀어놓은 물품과 판매대금에 대해서 보고하기 바빴다. 사이사이에 뭍에서 보고 들은 것까지 쏟아내느라고 여념이 없었다. 만덕은 그의 말을 묵묵히 듣고 있었다. 그리고 얼마나 지났을까. 이윽고 그가 말을 마치자 만덕이 속내를 꺼내놓기 시작했다.

"네가 보기에는 이 난국이 얼마나 더 갈 것 같으냐?"

만덕은 에둘러가지 않고 단도직입적으로 물었다. 그러나 만재는 그때까지도 눈치를 채지 못하고 있었다. 뜬금없이 그게 무슨 말이냐는 듯 눈을 크게 떴다.

"글쎄요. 보리타작할 때까지는 가지 않겠어요?"

"너도 그렇게 생각하냐?"

"그럼요."

만재는 누님이 자기 말에 귀를 기울여주는 것 같아 흡족했다.

만덕이 다시 물었다.

"그렇다면 그때까지 이 백성들 가운데 몇 사람이나 살아 있을 것 같으냐?"

"아니, 그걸 제가 어떻게 압니까."

아니나 다를까, 만재는 그게 자신과 무슨 상관이냐는 듯 돌아앉았다.

"그래서 하는 말인데, 누군가 나서지 않으면 모두 굶어 죽지 않겠니?"

한숨을 길게 뱉은 만덕은 만재를 건너다보며 혀끝을 찼다.

"그걸 왜 누님이 걱정하세요? 목사나 현감이 걱정할 일 아닙니까?"

비로소 자신을 왜 불렀는지, 그 의중을 대충 짐작하게 된 만재가 화들짝 놀란 얼굴로 만덕을 쏘아보았다. 하지만 만덕은 물러서지 않았다. 오히려 한 걸음 더 바투 다가앉았다.

"관아에 곡물이 없는데, 그들이라고 무슨 일을 할 수 있겠니?"

"그래서요?"

"그래서 내가 나서기로 했다."

"뭐요? 어떻게요?"

만재는 어이가 없다는 표정으로 머리를 세게 흔들었다. 그렇다고 그가 태풍으로 인한 피해를 모르는 것은 아니었다. 돌아보면 자신도 그 피해자 가운데 하나였다. 육지와 달리 고립된 섬인 탐라는 태풍이 휩쓸기 시작하면 피할 데가 없었다. 배도 어장도 사람도 바람이 모두 쓸어가 버렸다. 태풍이 끝났다고 해서 끝난 것은 더더욱 아니었다. 죽은 사람은 그렇더라도 산 사람은 태풍이 휩쓸어 초토화된 섬에서 자기 목숨을 부지해야 했다. 당장 끼니를 해결하지 못하면 그들 역시 먼저 죽은 이들과 마찬가지로 황천길에 들어서야 할 판국이었다. 그래서 모두가 유랑민처럼 먹을 것을 찾아 산과 바다를 헤매고 다녔다.

잠시 뒤 만덕이 다시 무겁게 입을 열었다.

"내가 가진 재산 모두를 풀어서 그들을 먹여 살리기로 했다."
"예? 뭐요? 정신 나갔어요?"
만재는 깜짝 놀랐다. 도대체 그게 말이나 되는 소리인가. 여기까지 어떻게 왔으며, 어떻게 모은 재산인데…. 아니, 그것을 모두 풀겠다니…. 순간, 그의 머릿속에는 지난 세월 그와 누님이 걸어온 지난한 삶의 흔적들이 되살아났다.
"내가 오늘 너를 부른 건 바로 그것 때문이다."
만덕을 똑바로 건너다보던 만재는 그만 말문이 막혔다. 누님이 누구인가. 한 번 마음을 정하면 결코 돌아선 적이 없는 사람이었다. 스무 살 어린 나이에도 지엄한 목사 앞에서 당당히 기적에서 빼달라고 따지고 들어 결국 양민 신분을 회복했고, 또 열의 아홉은 여자의 몸으로 어림없다고 체머리를 흔들어도 화북 포구 앞에 객주를 차려 성공한 누님이었다. 그렇다면 이미 작정한 이상 자신이 아무리 말려도 들어줄 리 만무하다는 건 불을 보듯 뻔했다.
"그러니까 네가 이번에는 궤를 통째 들고 가서 곡물을 있는 대로 사서 싣고 오거라. 육지 역시 태풍의 영향으로 올해는 풍년이 아니라고 하더라만, 그래도 해남이나 나주, 강진 쪽에는 곡물이 아직 남아 있을 것이다."
만재는 잠시 혼란스러운 머리를 정리했다. 그렇다면 이제 기댈 데라고는 타협밖에 없었다.
"그럼 재산 전부를 풀 게 아니라 우리도 홍삼필이나 양상범, 고한록처럼 시늉만 하면 어때요? 그래도 누님한테 손가락질할 사람은 없을 겁니다. 그리고 또 그 정도라면 백성들도 한동안은 그런대로 버틸 수 있지 않겠습니까?"

그러자 만덕은 눈을 사납게 치떴다.

"그건 안된다. 너는 아직도 내가 왜 이렇게 하려는지 모르느냐?"

"그럼 환곡으로 하는 건 어떨까요?"

만재는 다시 다른 방법을 제시했다. 환곡이란 곡물이 급할 때 빌려 갔다가 추수 때 되갚는 것으로 주로 관아에서 행했다. 대개 여덟 되 반을 주고 한 말로 갚는 게 관례인데, 그것 때문에 백성들의 원성도 높았다. 그러니까 만재의 생각은 무상으로 풀지 않고도 당장 백성들의 배고픔은 모면시킬 수 있지 않겠느냐는 것이었다. 그러나 만덕은 그 말을 듣자 버럭 화를 내며, 머리를 곧게 쳐들었다.

"왜곡하지 마라. 그건 돕는 게 아니야. 너는 오늘날 우리가 이만큼이나마 살게 된 게 다 누구 덕분이라고 생각하냐. 제주 백성들 아니냐. 그런데 뭘 더 망설여. 그들이 어려운 처지에 놓였다면 마땅히 나눠줘야지."

잠시 뒤 만재는 결국 머리를 떨어뜨리고 말았다. 어쩔 수 없었다. 누가 그 고집을 꺾을 수 있겠는가. 재물이 아까운 마음은 여전했으나 그것 또한 누님의 것이고, 또 굶주린 백성들을 위해 사용하겠다는 데는 딱히 내세울 구실이 없었다.

"그럼 언제 떠날까요?"

"되도록 빨리. 한시가 급하니까."

"알겠습니다. 바람만 맞으면 사흘 안에 출발하겠습니다."

"미안하다. 쉬지도 못했는데…."

만재는 더 이상 말릴 수가 없다고 생각했다. 그래도 만재는 자신에게 의논을 청한 누님이 고마웠다. 그의 눈앞에는 벌써

돛을 올리고 바다를 지쳐가는 영주호와 함께 노 젓는 격군들의 모습이 그려졌다.

그렇지만 만덕은 안심이 되지 않는다는 듯 일어서는 만재의 등 뒤에 대고 다시 한 마디 쐐기를 박는 것을 잊지 않았다. 딱, 딱, 끊어서 뱉어내는 만덕의 말투는 낮았으나 엄중하고 단호했다.

“명심해라, 네가 늦는 만큼 또 몇 생명이 죽는다는 것을….”

3

바다는 잔잔했다.

바람도 동풍으로, 돛을 올리기에 적당히 불고 있었다.

화북포구는 아침부터 바람을 받아 출항하려는 배와 일꾼들로 북적거렸다. 만재는 이번 배에 미역과 함께 건복과 숙복, 장인복과 인복 등, 그동안 잠녀들이 물질에서 건져 올린 전복을 소중하게 씻고 삶고 두드리고 말려서 저장했던 것을 가득 실었다. 또 돔도 몇 상자 실었다. 모두가 뭍 사람들이 선호하는 것들이었다.

“배가 모자라면 세를 얻고, 사공도 격군도 쓸만하다고 생각되면 태워라. 이번 출항은 장사로 가는 게 아니다. 그러니 잡곡이라도 많이만 사 모아 오거라. 돈은 아끼지 말고, 알겠니?”

포구까지 나간 만덕은 떠나는 만재를 붙들고 다시 한번 다짐을 주었다. 국법 탓에 따라나서지 못하는 자신이 한스러웠다.

제주에서 육지를 뱃길로 가기 위해서는 먼저 상추자도까지

올라가야 했다. 바람이 도와준다면 거기에서 바로 육지를 향해 출발할 수도 있으나 바람이 돕지 않는 날에는 닻을 내리고 며칠씩 정박할 수밖에 없었다. 그러다가 다시 바람을 타게 되면 전라도의 영산포나 법성포, 탐진포까지는 밤낮으로 사흘이면 닿을 수 있었다. 배의 크기와 노를 젓는 격군, 그리고 길머리를 잡아가는 사공의 솜씨에 따라 다소 차이는 있을 수 있지만 빠를 경우, 대개 나흘에서 닷새면 육지에 닿을 수 있었다. 육지에서 제주로 오는 길도 마찬가지였다. 상추자도를 떠나 화도를 거쳐 조천이나 화북, 애월포구로 들어오면 되었다. 바람의 방향만 다를 뿐이었다. 문제는 종잡을 수 없는 바람의 변화였다. 만약 바다 한가운데서 갑자기 태풍이라도 만날 경우엔 아무리 노련한 사공이 키를 잡았다고 해도 조난을 면하기 어려웠다. 그래서 배를 타는 사람들은 탈 때부터 자신의 목숨은 하늘에 맡긴다고 말했다.

다행히 순풍을 타고 육지에 도착한 만재는 먼저 영산포에 닻을 내렸다. 그곳 상인들에게 가져온 전복 일부를 풀고 만재는 강 행수를 찾아갔다. 그는 작달막한 게 볼품없어 보이지만 상인들 사이에서는 까다롭기로 소문난 위인이었다. 다 이루어진 거래도 비위가 맞지 않으면 단박에 틀어버리기 일쑤였다. 그런 까닭에 만재는 그를 대할 적마다 늘 조심했다. 그는 만재가 인사를 드리자 활짝 웃으며 반겼다.

"만덕 상단의 작은 행수님이 어쩐 걸음이신가?"

본채로 안내한 그가 좌정하자 만재는 먼저 나주 곡물 시장 사정부터 물었다.

"태풍 땜시 작년엔 벼가 다 절단나 버렸어. 그래도 아직은 괜찮여. 아, 남도에 쌀이 떨어졌다문 우리나라 백성 모두가 다 굶어 죽는다고 아우성칠 거 아니것남?"

무엇 때문일까, 강 행수는 말끝마다 입가에 웃음을 달고 있었다. 그러나 만재는 그 이유를 구태여 묻지 않았다. 그러자 강 행수는 제풀에 그 이유를 꺼내놓았다. 오늘이 내 딸년의 사주단자가 들어오는 날이여….

장사란 때를 놓쳐서는 안 된다. 들어갈 때와 나갈 때를 정확히 알아야 하는 법이다. 만재는 누님에게 일찍부터 그것을 이골이 나도록 듣고 배웠다. 그렇다면 오늘 일진은 괜찮은 편이라고 만재는 속으로 쾌재를 불렀다.

"실은…." 서두를 꺼낸 만재가 잠시 뜸을 들이자 강 행수가 궁금한 듯 눈을 크게 뜨고 쳐다보았다. "곡물을 좀 볼까, 해서 왔습니다."

"곡물? 얼매나?"

강 행수는 알겠다는 듯 머리를 끄덕거렸다. 만재는 그러나 수량에 대해서는 말을 아꼈다. 물론 나주가 전라도에서 제일 큰 고을의 하나로 곡물의 교역지인 것은 분명하지만 그가 창고에 쌓아놓은 수량이 얼마나 되는지도 모를 뿐더러 자칫 목적이나 수량부터 알려주면 까탈스러운 그의 성미로 볼 때 단가를 높일 수도 있고, 또 여차하면 팔지 않겠다고 문을 닫아걸을지도 모르는 일이었기 때문이다.

"그럼 가볼까?"

"그럴까요?"

만재는 앞장서 가는 강 행수의 뒤를 따라 창고로 향했다. 거

대한 창고에는 그의 말대로 곡물이 켜켜이 가득 쌓여 있었다. 어림잡아도 800석은 넘을 듯했다. 과연 나주에서도 소문난 상단이라는 말이 거짓은 아니었다.

의외로 계약은 쉽게 성사되었다. 450석. 창고에 쌓여 있는 곡물의 절반이 넘는 숫자였다. 물론 거기에는 강 행수의 큰딸이 사주단자를 받는, 좋은 날이라는 것도 한몫한 게 사실이었다. 그러나 만재는 신중했다. 전대를 풀기 전에 누님이 이르던 말을 한 번 더 떠올렸다. 저들을 살려야 한다. 사실, 자신에게 누님은 여자지만 여자라고 할 수 없었다. 그렇다고 남자도 아니었다. 그보다 더 높은 곳에 올라가 있는 신 같은 존재였다. 아버지를 여덟에 잃고, 또 어머니까지 역병으로 잃고, 먼 고모뻘인 친척 집에 버려지듯 맡겨져 밤낮없이 허드렛일을 팔 년 동안 하고 있을 때 나타난 누님은 자신에게 태양이나 다름없었다. 가자고, 손목을 잡아끌 때를 만재는 지금도 잊을 수가 없었다. 그로부터 40여 년 가까이 지났으나 만재는 아직도 누님의 깊은 속내를 짐작할 수가 없었다. 다만 누님이 결정하면 따를 뿐이었다. 자신에게 누님은 누님이 아니라 어머니였고 아버지였으니까….

만재는 그날로 다시 탐진포로 뱃머리를 돌렸다. 격군들이 투덜거렸으나 그는 잠시도 지체할 수 없었다. 누님의 말대로 지체해서도 아니 되었다. 강 행수에게서 사들인 곡물을 오는 길에 싣기로 한 그는 저녁 무렵 탐진포에 도착하자마자 강진의 손 행수 상단을 찾았다. 손 행수는 초저녁부터 고을의 관속들과 술상을 앞에 놓고 붓거니 받거니 하고 있었다. 만재가 인사를 드리자 그는 대청에 앉은 채 턱수염을 쓰다듬으며 웬

일로 왔느냐고 거만스레 물었다.

“해물을 내려놓고, 여기 물건도 좀 살펴볼까 해서 왔습니다.”

만재는 공손하게 말했다. 그러나 만재의 의중은 그것만이 아니었다. 그를 통해 일이 없어 쉬고 있는 배를 알아보고 조건이 맞으면 빌릴 생각까지 하고 있었다. 배란 크기에 따라 용량이 다른데 자신이 타고 온 배는 그 한도를 가름해볼 때 400석 남짓밖에 싣지 못할 것 같았기 때문이었다.

사실 강진은 제주에서 생산되는 물건, 즉 미역과 전복, 돔, 갈치 등의 해산물과 어물, 또 갓, 양태, 삿자리, 참빗 등 생활필수품과 녹용, 표고, 우황, 지황, 천궁 등 약재류가 많이 거래되는 곳이었다. 또 제주 배를 상대로 육지에서 생산되는 곡식도 활발하게 거래되었다. 그런 까닭에 포구엔 언제나 전국의 상선들이 늘 정박해 있다시피 했다. 그런 만큼 팔려고 내놓은 배나 수리하기 위해 놀고 있는 빈 배도 많은 편이었다.

그러자 해소기가 있는 손 행수가 갑자기 밭은기침을 토해냈다.

“해물은 뭘 싣고 왔는가?”

“예, 전북하고 소라를 좀….”

만재는 그가 연속 뱉어내는 기침 소리와 거만한 말투가 귀에 거슬렸다. 그러나 내색하지 않은 채 그의 표정을 살폈다. 다만, 그가 관심을 나타내는 것으로 볼 때 한양에서 해산물을 찾는 상인이 내려오지 않았을까, 짐작할 따름이었다. 아니나 다를까, 손 행수는 잠시 뒤 정색을 한 채 입을 열었다.

“얼마나 되는 양인지는 모르지만 웬만하면 우리 집에 내려

놓게나.”

만재는 옳거니, 싶었다. 순간, 제주에 있는 누님이 활짝 웃는 것 같았다.

“금만 맞으면 내려놓는 거야 어렵지 않으나 저에게도 청이 몇 가지 있습니다. 행수님께서 부디 그 청을 거두어주시면 고맙겠습니다.”

만재는 그의 얼굴을 자세히 살폈다. 그는 턱수염을 다시 한 차례 쓸어내렸다.

“말해 보게.”

만재는 망설이지 않았다. 그가 그렇게 나온다면 일은 거의 성사된 거나 다름없었다. 그는 곡물 이야기부터 꺼내놓았다.

“팔 수 있는 곡물이 얼마나 되는지요?”

“쌀 창고는 지난번에 거의 다 비웠고, 지금은 잡곡뿐인데, 그거라도 괜찮겠는가?”

“잡곡이라면?”

“작년에 수확한 보리와 귀리, 콩, 조, 수수가 조금 남아 있기는 한데….”

“얼마나 되는지요?”

“글쎄….”

손 행수는 손바닥으로 입을 가린 채 다시 밭은기침을 뱉었다. 한 가지 분명한 것은 이제 얼마 지나지 않으면 햇보리를 추수할 시기가 오기 때문에 아직껏 묵은 보리를 보관하고 있다면 싼값에 거래가 이루어질 수 있다는 것을 의미했다. 만재는 그걸 한꺼번에 모두 산다는 조건으로 비교적 헐값을 제시했다. 보리 80석에 콩과 조, 기타 곡물이 합쳐서 30석. 그 정

도라면 만재로서도 불만은 없었다.

손 행수가 보는 앞에서 상단의 차인과 거래를 마친 만재는 이번엔 빌릴 배가 있는지 물었다. 손 행수는 잠시 생각하는 얼굴이었다. 그러자 곁에서 함께 술을 마시던 이방이란 작자가 참견하듯 거들고 나섰다.

“그런 배라면 내가 하나 알고 있네. 작년 겨울 흑산도로 누가 유배 가는데 사용된 뒤로는 쉬고 있는 밴데, 지금 탐진포에 있을 걸세. 내놓았다고 하는데, 가격은 모르겠네. 하지만 그거라도 괜찮다면 내가 서찰을 써줄 테니 가지고 가보시게. 본래 거래는 당사자끼리 하는 거 아니겠나?”

만재는 고맙다고 머리를 깊숙이 수그렸다.

다음 날 아침 일찍 만재는 이방이 써준 소개장을 들고 탐진포로 향했다. 그에게는 지금 무엇보다 배를 빌리는 게 시급했다. 곡물을 사들이기만 하면 무엇하겠는가. 빨리 싣고 가서 화북포구에 부려야 백성들을 살릴 것 아닌가. 만재는 노심초사하고 있을 누님의 얼굴이 떠올랐다.

배 주인은 장애인 아들을 데리고 사는 팔순 노인이었다. 만재를 맞으면서 노인은 젊었을 때 상단에서 힘깨나 쓴 적이 있으나 지금은 늙은 데다 자식새끼도 저 모양이어서 꼼짝없이 묶여 산다고 한탄했다. 그러나 배를 빌리는 일은 그렇게 쉽지만은 않았다. 만재가 찾아온 목적을 말하자 노인은 얼굴빛이 달라졌다. 한두 차례는 물론이고, 월세도 말을 붙이지 못하게 했다. 적어도 일 년은 빌려야 한다면서 임대료도 만만치 않은 값을 요구했다. 그는 팔려고 내놓는 것이지, 임대는 생각도 하지 않았다고 했다. 가만히 놔두어도 시간이 갈수록 낡아질 게

뻔하고, 그렇게 되면 시세가 내려갈 텐데, 왜 임대하겠느냐는 것이었다. 그리고 그는 자신이 가지고 있는 배가 유배 갈 때 사용할 만큼 크기나 규모가 일반 상선과 다르다는 것을 자랑했다. 그것은 만재도 인정하지 않을 수 없었다. 갑판 아래쪽으로 창고가 있고, 그 위로는 커다란 두 개의 돛대가 위용을 뽐내고 있는 판옥선이었다. 복층 구조로 된 배는 쉬는 동안 수리까지 해서 지금 곧 출항해도 될 것 같았다. 그 배에 곡물을 싣는다면 500석도 너끈할 듯했다.

“얼마나 드리면 되겠습니까?”

만재는 사정할 수밖에 없었다.

“글쎄….”

노인은 만재의 사정 따위는 안중에도 없다는 듯 딴청을 부렸다. 소개장도 소용이 없었다. 결국 거래는 한낮이 되도록 이루어지지 않은 채 지체될 수밖에 없었다. 그때였다. 몇 번 안면이 있는 송방의 장 차인이 일행들과 지나가다가 만재를 보고는 반가워하며 무슨 일인가 물었다. 만재는 그에게 속사정을 털어놨다. 그러자 그는 그 노인네가 본래 그런 사람이라고 알려주고는 거들어주었다.

“영감, 그 잘나지도 못한 배 한 척 가지고 위세 부리지 말고 빌려주슈. 좋은 데 쓰겠다고 하지 않수?”

그러나 노인은 끄떡도 하지 않았다. 만재는 혼자 속으로 따져 보았다. 어찌 보면 한시적으로 한 번 쓰겠다는 것은 억지라는 생각도 들었다. 어차피 장삿길을 위해서는 앞으로도 계속 육지를 오고 갈 터인데, 그렇다면 노인의 말대로 일 년도 괜찮을 듯했다. 몸이야 힘들겠지만 그만큼 해산물이나 특산

물을 더 싣고 와서 푼다면 이윤이 많이 날 것은 분명할 터이고, 임대료는 그것으로 충당하면 될 것 아닌가.

결국 해가 넘어가기 전에 만재는 제주 길머리를 잘 아는 사공과 격군 15명을 붙여 달라는 조건으로 노인의 주장을 들어주었다. 그러자 노인은 인근에 놀고 있는 일손이 많다면서 비로소 처음처럼 얼굴 가득 웃음꽃을 피웠다. 만재는 다음 날 아침 일찍 배를 영산포로 돌렸다. 다행히 사공은 낯이 익은 사람이었다. 만재는 그곳에서 강 행수로부터 사들인 곡물을 모두 싣도록 지시했다. 한낮이 조금 지나자 강진에서 잡곡을 실은 영산호도 도착했다.

다음 날 아침 일찍 만재는 두 배를 이끌고 해남으로 뱃길을 돌렸다. 누님을 생각하면 잠시라도 지체할 수가 없었다.

제주와 전라도를 잇는 교통의 요지인 해남은 특히 제주에서 한양으로 올라가는 진상품 운송에 많이 이용되는 곳이었다. 또 귀양 가는 사람들이 육지를 떠나 제주를 비롯한 섬으로 들어가던 곳이었다. 그러나 전라도에서도 이름난 곡창지대로늘 곡물 생산이 풍부한 곳이었다.

만재는 배에서 내리자마자 그곳의 전 행수를 찾아갔다. 몇 차례 거래를 한 적이 있는 그는 아침 일찍 찾아온 그를 이상한 눈으로 바라보았다. 그러나 장사꾼이 곡물을 사겠다는데 마다할 이유는 없었다. 만재는 먼저 그가 소유하고 있는 곡물을 알아보았다. 그리고는 그가 가지고 있던 쌀 300석을 전량 구매했다. 어디에 쓸 거냐고, 그가 궁금한 듯 물었으나 만재는 알려주지 않은 채 두 배에 나누어 싣도록 지시했다. 배에는 어느새 곡물이 가득 쌓여가고 있었다. 제주에서 가지고

온 궤는 텅 비었으나 꽉 차오른 만재의 마음은 왠지 부자가 된 것 같았다.

만재는 남쪽 바다를 바라보았다. 생각 같아서는 당장이라도 누님이 기다리는 제주로 출발하고 싶었다. 문제는 바람과 날씨였다. 봄바람은 언제나 변덕이 심했다. 북서풍이 코끝을 스치듯 불다가도 언제 또 사납게 바뀔지 누구도 예측할 수 없었다. 그럴 경우, 위급한 상황에 빠지는 것은 물론이고 자칫하면 목숨까지 잃는 불행을 겪을 수도 있었다. 그런데 만재가 가름해 볼 때 내일 바람이나 날씨는 다행스럽게도 출항하는데 하등 지장을 줄 것 같지는 않았다.

4

만덕은 꿈에 아버지를 또 만났다.

아버지는 활짝 웃고 있었다. 어렸을 때 가족들이 함께 살던 집이었다. 만덕은 아버지가 반가웠다. 바닷길에서 막 돌아오는 길인 듯 아버지가 걸친 겉옷이 짠물에 젖어 있었으나 만덕은 상관하지 않고 달려가 덥석 안겼다. 땀내와 함께 짭짜름한 아버지의 체취가 콧속으로 스며들었다. 아, 이 냄새. 꿈에서 깨어났으나 만덕의 몸에서는 그때까지도 아버지의 체취가 그대로 묻어있는 것 같았다.

아버지는 남자와 여자를 가리지 않았다. 어쩌다 어머니가 맛있는 반찬을 아들인 오빠나 동생 앞으로 밀어놓으면 호통을 치곤 하였다. 특히 식구들 누구나 다 좋아하는 돔베고기가 오를 때는 더욱 그랬다. 여자와 남자를 구별하는 건 좋지 않은

거야. 하늘 아래 숨 쉬고 사는 사람들은 누구나 다 똑같거든.
잠자리를 털고 일어난 만덕은 어릴 때 늘 해주시던 아버지의 그 말씀이 문득 환청처럼 되살아나 고막을 때렸다.

평소보다 일찍 일어난 만덕은 그날도 마당에 나오자마자 다른 날과 마찬가지로 하늘을 올려다보았다. 아직 어둠이 채 가시지 않은 하늘엔 빛을 잃어가는 반달이 희미하게 걸려 있을 뿐 구름 한 점 보이지 않았다. 뺨을 스치는 바람도 아직 잠에서 깨지 않은 듯 결이 부드러웠다. 만덕은 기분이 상쾌했다. 비록 꿈이었지만 아버지는 그만큼 만덕에게 힘이 되어 주었다. 아버지가 웃는 모습을 보는 것은 실로 오랜만이었다. 여자가 무슨, 하는 사람에게 손가락질 받으면서 화북포구에 객주를 차렸을 때, 그리고 토호 상인들의 온갖 훼방에도 불구하고 육지와의 장삿길을 열기 위해 어렵사리 배를 구매한 뒤 영주호라고 명명했을 때를 제외하면 처음인 듯했다. 그런데 아버지는 왜 웃고 계셨을까. 무슨 기쁜 일이 있는 것일까.

향청은 객주에서 그렇게 먼 거리는 아니었으나 만덕은 마음이 바빴다. 그날은 만재가 곡물을 싣고 온 배가 포구에 닿으면 그것을 어떻게 나눠줄 것인가, 심 좌수를 만나 의논하기로 작심한 날이었다. 또 지난번처럼 나눠준다면 굶주린 백성들이 아직 한 달 넘게 남아 있는 보릿고개를 넘기기 어려울 거라고 판단했기 때문이다.

밖거리가 다시 북적거리기 시작했다. 칠성이가 물품을 챙기는 행상들과 웃고 떠드는 소리가 마당까지 들려왔다. 마구간과 창고를 한 바퀴 돌아 나온 만덕은 부엌 쪽으로 발걸음

을 옮겼다.

그때였다. 새벽부터 용천을 다녀오는지 물허벅을 진 막손이가 대문간을 들어서며 투덜거렸다.

"또 봤어요, 오늘은 세 사람씩이나."

만덕을 보고 꾸벅, 머리를 숙이는 막손의 얼굴엔 어느새 눈물 자국이 얼룩져 있었다. 오는 길에 또 굶어 죽은 사람을 본 모양이었다.

"이번엔 모두 여자들이더라고요. 삐쩍 마른 몰골이 사람 같지 않았어요. 겨울철 한라산 삭정이 같더라니까요, 글쎄. 얼마나 굶었는지…."

막손은 코를 훌쩍거렸다.

만덕은 머리를 끄덕거렸다. 굶어 죽는 사람의 숫자가 남자보다 여자가 많은 것은 사실이었다. 그만큼 제주도에는 여자가 남자보다 3배 더 많았다. 이유는 간단했다. 남자들은 성인이 되면 섬을 버리고 육지로 나가거나 또 장삿배나 고기잡이배를 탔다가 바다에 빠져 목숨을 잃는 경우가 많았기 때문이다. 삼다 가운데 여자가 들어가는 이유도 거기에 있었다. 또한 제주도 여자가 유독 강하다고 소문이 난 것 역시 생존을 위해 남정네들이 맡아야 할 일을 여자들이 해온 까닭이었다. 사실 여자들의 대부분은 가정의 살림살이와 아이를 낳아 기르는 것은 물론이고, 농사와 물질, 장사까지 바깥일도 망설이지 않고 해냈다. 일 년 열두 달 끝없이 이어지는 고된 일이었지만 군말 없이 그 같은 일을 숙명으로 알고 계속했다.

이른 시간 때문인가, 향청은 조용했다. 만덕이 찾아가 뵙기

를 청하자 심 좌수는 갑자기 무슨 일인가, 하는 얼굴빛이었다. 그러나 그는 동헌 아래 머리를 숙이고 있는 만덕에게 스스럼없이 오르라고 일렀다. 만난 적이 몇 차례밖에 되지 않았으나 만덕은 그의 행동거지에서 소문대로 그가 넉넉한 인품을 지녔다는 것을 느낄 수 있었다.

만덕은 망설이지 않았다. 그가 권하는 대로 동헌 대청에 올라 그와 마주 앉았다. 만덕이 심 좌수를 찾아온 목적은 흉년이 들어 구휼미를 나눠주는 것은 향청의 소관이었고, 좌수란 그 우두머리인 까닭이었다.

"화북 객주 주인장이 여긴 어쩐 일이신가?"

심 좌수는 여자이며 양인인 탓에 말을 내려도 무방했으나 그래도 제주의 거상이며 나이 역시 든 터라 함부로 말하지 않았다.

"이른 시각인 줄은 압니다만, 말씀드릴 일이 있어서 무례를 무릅쓰고 찾아왔습니다." 시간을 끌 필요가 없다고 느낀 만덕은 좌수를 똑바로 건너다보며 뒷말을 이었다. "외람됩니다만, 어른께서는 혹시 지난번 구휼미가 백성들에게 골고루 나누어졌다고 생각하시는지요?"

만덕이 단도직입적으로 묻자 심 좌수는 당혹스러운 듯 헛기침을 두어 차례 뱉어냈다. 다과가 나왔으나 만덕은 눈길도 주지 않았다.

"갑자기 그건 왜 묻는가?"

심 좌수는 그러나 고깝다는 표정은 짓지 않았다.

"오늘도 굶어 죽는 사람들을 보았길래 드리는 말씀입니다."

"하긴…."

심 좌수는 혀끝을 찼다. 비로소 만덕이 무슨 말을 하려고 왔는지 알 것 같다는 얼굴이었다.

"나누기는 다 나누었네. 그러나 문제가 전혀 없었다고 생각하지는 않네. 워낙 경황이 없던 때이기도 하였지만, 관아의 간섭이 좀 있었지. 판관을 비롯한 육방 관속들과 그 친척들까지도 끼어들었으니…."

심 좌수는 길게 한숨을 뱉어냈다.

만덕은 머리를 끄덕거렸다. 그쯤은 이미 짐작했던 터였다. 윗물이 맑아야 아랫물이 맑지 않겠는가. 이곳의 벼슬아치들은 부임하면 하루가 지나가기도 전에 벌써 한양을 바라보는 게 예사이고, 또 그 밑에서 작은 감투를 쓴 아전들 역시 걸핏하면 백성들을 깔아뭉개고 위세를 떨기 일쑤인데 무엇을 더 바랄 수 있겠는가. 하지만 만덕은 그렇듯 솔직히 말해주는 심 좌수가 오히려 고맙고, 믿음직스러웠다. 곡물이 도착하면 이번은 실수하지 않고 골고루 나누어 줄 것 같다는 예감이 들었다.

"그래서 드리는 말씀인데…."

만덕은 운을 떼고 잠시 뜸을 들였다. 그러자 심 좌수가 궁금하다는 눈빛으로 만덕을 건너다보았다.

"이번에 제가 동생에게 곡물을 좀 싣고 오라고 일렀습니다."

만덕은 조용한 어조로 말했다.

심 좌수는 입을 크게 벌렸다.

"얼마나?"

"모르겠습니다. 그러나 제 재산 전부를 내어주었으니 적지는 않을 겁니다. 그래서…."

"그래서?"

심 좌수가 반문하며 마른침을 삼켰다.

"이번만큼은 굶주린 백성들에게 골고루 돌아갈 수 있도록 어른께서 특별히 신경을 써주셨으면 하는 마음에서 찾아왔습니다."

"그게 정말인가?"

심 좌수는 도무지 믿기지 않는다는 얼굴로 만덕을 자세히 쳐다보며 되물었다. 그리고는 만덕이가 그렇다는 말을 거듭하자 머리를 크게 끄덕였다.

"장한 일일세. 정말 장한 일이야. 자네 덕분에 이제 제주 백성들이 굶어 죽지 않고 살아가게 생겼구먼. 무사히 보릿고개를 넘기게 생겼어. 정말 장하네. 남자들도 하지 못한 일을 여자인 자네가 해냈구먼."

심 좌수는 감동한 듯 한동안 벌린 입을 다물지 못했다.

"그런 일에 남자와 여자가 어디 따로 있습니까?"

"하긴…."

"모두가 다 같은 사람 아닙니까? 힘을 합쳐야지요."

만덕은 웃었다. 문득 웃던 아버지의 얼굴이 떠올랐다.

"그럼 객주는 그만두려는 건가?"

"아닙니다. 이번 출항에서 동생이 돌아오면 맡기고, 저는 옛날 살던 동네에 조그만 집 하나 장만해서 살려고요."

그것은 사실이었다. 오래전부터 만덕이 마음속으로 꿈꾸어 오던 것이었다.

"그래도 그 객주에서 제주의 거상으로까지 성장했는데 아깝지 않은가?"

"아깝기는요. 저도 이제 육십을 바라보는 나이인 걸요, 뭐. 그동안 저를 이만큼 키워준 제주 백성들에게 감사할 따름이지요."

"동생이 잘 할 수 있겠는가?"

"예, 그 점은 안심하셔도 될 겁니다. 그 사람도 이제는 오십 줄에 들어섰고, 또 그동안 제 밑에서 장사가 무엇인지 많이 배우고 깨달았을 테니까요."

"여기까지 오는 동안 참 고생이 많았을 텐데…."

순간, 만덕은 그동안 자신을 폄하하고 훼방하던 동문시장의 거상 부장연의 뱁눈이 문득 떠올랐다. 지금은 죽었지만, 그때는 정말 견디기가 어려웠다. 그런데 왜 그는 나를 그토록 못살게 굴었을까. 하긴, 그동안 그와 같은 훼방과 해코지를 한 사람이 어디 그 사람뿐이었겠는가. 그렇지만 만덕은 그들이 그랬던 탓에 오늘날 자신이 이만큼이나마 성장할 수 있었다고 여겼다. 사실 그들이 그럴 적마다 정신을 더 바짝 차렸으니까….

"어른께 한 가지 더 부탁드릴 말씀이 있습니다."

만덕은 이제 일어설 때가 되었다고 생각했다. 그래서 그동안 마음에 두고 있던 이야기를 꺼내놓았다.

"말씀해 보시게."

"이 일이 소문 나지 않도록 처리해 주시면 고맙겠습니다."

심 좌수는 다시 깜짝 놀라는 얼굴이었다.

"왜? 나는 상소를 올려 조정의 포상이라도 받게 할 생각이었는데…."

"아닙니다. 천부당만부당한 말씀이십니다. 지금 제 소망은

오직 한 생명이라도 더 살릴 수 있었으면 하는 것 하나뿐이니 그렇게 처리해 주시면 고맙겠습니다."

만덕은 손사래를 쳤다.

머리를 끄덕거리던 심 좌수는 만덕이 보는 앞에서 별감을 불렀다. 잠시 뒤 별감이 올라오자 그는 만덕이 앉아 있는 앞에서 확인시키듯 분배할 방법을 소상히 일렀다. 그것은 어쩌면 이번만큼은 실수 없이 행하겠다는 그의 의지처럼 보였다.

"잘 들어. 나눔에도 원칙과 질서가 있는 법이다. 이번에 구휼미가 들어오거든 반드시 내가 말하는 것을 명심하고 정확히 실행해야 한다. 만약 지난번처럼 이를 어기고 또 누구라는 말에 흔들려서 지키지 아니할 시에는 내가 국법으로 엄히 다스릴 것이다."

별감이 머리를 숙이자 그는 말을 계속했다.

"먼저 백성 가운데 과부나 나이 든 홀아비, 자식 없는 노인과 몸이 정상이 아닌 사람부터 찾아내어 나눠주고, 다음엔 어린아이가 여럿 있는 집의 여자를 찾아 나눠주도록 해라. 그리고 아이와 어른도 가려서 나누도록 해라. 또한 굶주린 사람들이 갑자기 마른 밥을 먹으면 탈이 날 염려가 있으니 먼저 죽을 쑤어 먹게 하도록 주의 주는 것도 잊지 말거라."

별감이 물러가자 심 좌수는 만덕을 쳐다보면서 이만하면 되었느냐고 물었다. 만덕은 만족스러웠다. 심 좌수가 고마웠다.

심 좌수는 인사드리고 일어서는 만덕에게 한 마디를 더 보탰다.

"걱정하지 말게. 이번엔 내가 직접 나서서 나눌 터이니…."

만덕이 심 좌수를 만난 후 사흘이 지난 아침이었다. 칠성이 뛰어 들어오며 외쳤다. 곡물을 실은 배 두 척이 화북포구에 닻을 내렸다는 것이었다. 그러니까 만재가 타고 나간 배는 정확히 제주를 떠난 지 보름 만에 다시 입항한 것이었다. 안거리에서 그 소식을 들은 만덕은 속으로 가만히 중얼거렸다. 아버지, 감사합니다….

5

돌담 너머로 보리타작하는 소리가 들렸다. 바릇잡는 잠녀들의 물질 소리와 숨비소리도 바람결에 고즈넉하게 들려왔다. 화북 객주에 잠시 다녀오라고 한 막손이를 기다리며 만덕은 마당 한 구석에 펼쳐놓은 평상에 앉아 그날도 하늘을 올려다보고 있었다. 구름 한 점 없는 유월의 하늘은 깊은 바다처럼 맑고 파랬다.

이제 섬에서 굶어 죽는 사람은 없었다. 어렵고 힘들었던 몇 달 전의 일들이 마치 먼 옛날 일 같이 느껴졌다. 고을의 어른인 풍헌을 따라와 향청 앞에 길게 줄을 선 백성들이 곡물을 보자 활짝 웃던 모습이 잠시 만덕의 눈앞에 떠올랐다가 지나갔다. 섬은 언제 그랬느냐는 듯이 어느새 모든 게 제자리로 돌아가 있었다.

"얘기 들었수꽈?"

무엇 때문일까. 객주에 다녀온 막손은 다른 때와 달리 얼굴이 붉으락푸르락했다.

"무슨 얘기?"

"여자는 사람도 아닌 모양이우다."

막손은 분이 풀리지 않는 듯 말투가 빨라졌다. 만재에게 해가 떨어지면 한 번 집에 들르라는 말은 제대로 전했는지, 궁금했으나 만덕은 그 말을 뒤로 밀어두었다.

"무슨 말을 들었길래 또 울뚝밸을 부리냐?"

만덕은 막손이를 보다가 자신도 모르게 웃음을 터트렸다. 비자나무 가지에 앉았던 까마귀가 막손이가 질러대는 말소리에 놀랐는지 한번 크게 울고 날아갔다.

"글쎄, 저번에 구휼미를 아주 쬐꼼 내면서 생색낸 그 알량한 남저들 있잖수꽈? 그들이 이번에 조정에서 포상받는다우다. 그게 어디 말이나 되는 소리우꽈? 그것도 마지못해 낸 것에 지나지 않았는데 말이우다."

막손은 씩씩거리며 가쁜 숨을 몰아쉬었다. 만덕은 그녀가 마치 한라산 오름을 단숨에 지쳐내려 온 망아지 같다고 느꼈다.

"그게 다 여자라서 그런 거 아니우꽈? 그 남저들보다 몇 곱절, 그것도 전 재산을 털어 베푼 사람은 따로 있는데두 말이우다."

만덕은 그러나 그 말엔 대꾸를 미룬 채 다시 하늘을 올려다보았다.

"나는 그런 거 처음부터 생각한 적이 없다. 나는 다만 지금 이 땅의 백성들이 굶어 죽지 않고 살아났다는 것만이 감사할 따름이다."

하늘을 올려다보며 만덕은 무엇이 즐거운지 하냥 웃고 있었다.

황금무덤 금정굴

임 철 균

2024년 3월, 한결이 아버지의 전화를 받았다.

"한결아, 요즘 네가 하는 그 일 그만하면 안 되겠니?"

"네? 그게 무슨 말씀이세요?"

"금정굴, 그 일 더 이상 하지 말라는 이야기다."

평소 나에게 먼저 전화를 거의 안 하시는 아버지다. 그런데 굳이 업무 시간에 전화를 하였다. 더군다나 평소 성격이 과묵한 아버지가 이렇게 단도직입적으로 말하는 것은 이례적이었다.

"아빠, 그게 무슨…."

"그냥…이유는 묻지 마라."

"아니 아빠. 갑자기 무슨…."

일방적으로 전화가 끊겼다. 얼마 전 팔순 잔치를 치른 이후 아버지 건강이 부쩍 안 좋아지셨다. 그래서 그러시나? 3남 2녀 중 늦둥이 막내딸인 한결은 연로한 아버지가 문득 걱정되었다.

한결은 고양시청 10년 차 공무원이다. 여러 부서를 거쳐 작년에 문화재과 소속으로 발령받았다. 한결이 마음속에 품어 온 건 '기억을 기록하는 일'이었다. 대학원 석사과정에서 '한국근현대사'를 전공했다. 졸업논문 주제로 「한국전쟁기 민간

인 피해 연구」를 제출했다. 출판사 근무를 정리하고 안정적인 직업을 찾아 공무원 석사 특채에 지원했다. 공무원의 길에 들어서며 생각했다. 언젠가 역사 관련 실무를 해보자. 그러한 까닭에 얼마 전 금정굴 관련 업무를 자청했다.

한결이 자신의 책상 위 자료들을 검토하기 시작했다. <금정굴 희생자 유족 지원 조례 시행 세부 계획안>. 고양시 의회가 2018년 통과시킨 조례였다. 하지만 보수적인 보훈단체의 반발과 예산 문제로 6년간 표류하다 이제야 실행에 들어간 사업이다. <진실화해위원회> 자료를 펼쳤다. <진실화해위원회 2007년 조사 보고서> 요약본이었다. 요약본임에도 두께가 상당한 분량이었다. 한결이 서문을 읽기 시작했다.

"경기도 고양지역은 1950년 인천상륙작전 후인 9월 20일부터 수복되기 시작하였으며 9월 28일 완전히 수복되었다. 이후 고양경찰서가 중심이 되어 치안대, 의용경찰대, 태극단. 시국대책위원회 등과 함께 수많은 '부역 혐의자'를 색출하고 체포·고문하였다. 그리고 이 중 신원이 확인된 약 153명 이상을 금정굴에서 재판 없이 즉결 처형하였다. 이는 명백한 국가범죄로써 민간인에게 가해진 살해 행위로 규정한다. 또한 <국제형사재판소에 관한 로마규정>에 비추어 볼 때 '금정굴 사건'은 비군사적 상황에서, 적대행위와 무관하게, 법원의 판결 없이 인간의 존엄성을 유린하면서 민간인을 살해한 '전쟁범죄'이다."

요약본 서두에 사건의 개요와 의미가 간결하게 서술되어 있었다. 석사논문을 쓰며 부분적으로 공부한 내용이었다. 하지만 '금정굴 민간인 학살'만 별도로 작성한 문장들의 의미는

생각보다 무거웠다. 서문에 이어 당시 경찰과 치안대, 태극단에게 학살당한 사람 중에 신원이 확인된 사람들의 명단이 첨부되어 있었다. 명단 페이지를 펼쳤다. 한결이 그 명단과 옆에 적힌 그들의 당시 체포 혐의를 읽어나가기 시작했다. 희생자 명단(신원 확인자)은 가나다순으로 정리되어 있었다. 한결이 그 희생자 이름과 즉결 처형 혐의를 하나씩 눈으로 훑어보았다.

- 김○○, 김○○, 박○○….

그러다 희생자 명단의 'ㅇ' 항목에서 한결의 시선이 멈췄다.

- 이경호(李敬鎬), 1920년생, 의사, 부역 혐의

이,경,호? 순간 한결의 심장이 멈칫했다. 눈을 크게 뜬 한결이 그 이름을 다시 읽었다. 그리고 이름의 한자를 천천히. 한 글자씩 조심스럽게 확인했다.

- 李, 敬, 鎬.

한결의 친할아버지 이름이었다. 순간 자신이 잘못 보았나 했다. 손으로 이름의 한자를 다시 하나씩 짚으며 확인했다. 아무리 보아도 자신이 알고 있는 할아버지와 같은 한자를 사용하고 있는 이름이었다. 더군다나 출생 연도도 1920년생으로 맞았다. 하지만 아버지가 말한 할아버지는 '전쟁 중 실종자'였다. "일본에서 구제고등학교를 나오시고, 당시 한국인은 몇 명 뽑지 않는 경성제대 의전을 나온, 당대 조선 최고의 엘리트 의사였다.

해방 되던 해 의전을 졸업하셨고, 그 해에 나를 낳으셨다." 그리고 할아버지는 아버지가 5살이던 무렵 발발한 한국전쟁 중에 실종되었다. 그것이 아버지가 나에

게 전해 준 할아버지의 전부이다. 그러한 까닭에 할아버지는 묘도 없었다. 명절 때도 지방만 쓰고 절을 했다.

한결이 이경호 이름 관련 비고 사항을 읽었다.

- 사망 경위: 금정굴에서 총살 후 암매장 추정.

한결이 자료집을 내려놓았다. 손이 떨렸다. 한국전쟁 당시 실종되었다는 할아버지가 왜 여기에 있는 것이지? 아버지가 유일하게 가지고 있는 할아버지의 사진은 흑백사진 단 한 장뿐이었다. 경성제대 의학부 졸업 사진. 흰 가운을 입은 젊은 남자. 동그란 금속 테 안경을 쓰고, 카메라를 똑바로 쳐다보고 있는 총총한 눈매의 사내였다.

한결이 창밖을 보았다. 아직은 차가운 이른 봄비가 내리고 있었다. 아버지의 목소리가 귓가에 맴돌았다.

- 금정굴. 그거 맡지 마!

무언가, 어렴풋이 그 말의 이유를 알 것 같았다. 아버지의 말의 무게가 한결의 가슴에 무겁게 내려앉았다.

*

1948년 봄날 늦은 오후였다. 갑자기 군인들이 몰려오면서 제주도 중산간 지역 마을 전체가 불타기 시작했다.

“여보! 선옥이 데리고 빨리!”

김순덕이 남편에게 소리쳤다.

남편 박영수가 6세 딸 박선옥을 안아 들었다.

“아빠, 무서워.”

“괜찮아. 괜찮아.”

마을 곳곳에서 총소리가 들렸다. 박영수가 서당으로 쓰던 집이 이미 불길에 휩싸여 있었다. 천자문 및 논어, 맹자 등 서적에 이미 거센 불길이 옮겨붙었다. 불타는 마을을 뒤로 한 채 세 사람이 한라산 오름을 타기 시작했다. 시국이 심상치 않으니, 무슨 일이 생기면 가족을 데리고 즉시 00항으로 오라던 '제주공립농업학교' 동창의 말을 박영수가 떠올렸다. 도착한 00항 구석에 배 한 척이 보였다. 동창의 가족들이 타고 있었다. 박영수 가족이 배에 올라탔다. 바로 밧줄이 풀렸다. 배가 움직이기 시작했다. 어린 박선옥이 어둠 속에서 멀어지는 섬을 바라보았다. 시커먼 어둠 속에서 섬 곳곳에 시뻘건 불길이 일렁였다. 박선옥이 아빠 손을 꼭 잡고 물었다.

"아빠, 우리 집은?"

"이제 없어졌어."

"왜요?"

"전쟁이 났어."

"전쟁이 뭐예요?"

박영수는 어린 딸에게 무어라 대답할 수 없었다. 배 위에서, 박영수가 어둠 속에 불타는 고향을 바라보았다. 이렇게 떠나는 것이 과연 맞는가 하는 생각에 그의 마음이 몹시 착잡했다. 일제강점기 저항의 뿌리를 이어받은 동창들 대부분은 '산사람'이 되었다. 마을 담당 경찰서는 제주도의 단 두 곳뿐인 공립학교 출신인 그를 항상 예의주시하고 있었다. 시국의 정황을 보았을 때, 자신이 살아남을 수 있는 길은 희박했다.

제주도에서 가장 가까운 육지인 해남 바닷가에 도착했다. 동창의 가족과 함께 해남의 어느 집으로 향했다. 하지만 동창

의 친척 집에 두 가족이 오래 머물려니 눈치가 보였다.

"북쪽으로 가자."

박영수가 자신의 가족에게 말했다. 그렇게 세 사람이 기차를 몇 번 갈아타고 내린 곳, 경기도 고양군이었다.

"더 북쪽으로 가면 38선을 넘어야 하는데 그것은 위험해. 남쪽은 우리가 제주 사람이라 위험하고. 이 부근은 요즘 북쪽에서 내려온 사람들이 많이 있어. 우리가 섞여 있기 그나마 안전해."

박영수가 아내에게 왜 자신이 이곳을 택했는지 설명했다. 그의 가족이 마침내 자리를 잡은 곳은 경기도 고양군 덕이리였다. 산과 밭뿐인 전형적인 시골이었다.

"여기서 우리가 살 수 있을까요?"

"살아야지. 우리 제주 사람이잖아. 그 섬에서도 살았는데 어디서든 못 살겠어."

아내의 걱정스러운 말에 박영수가 단단한 눈빛과 음성으로 말했다.

박영수가 마을의 이장을 찾아갔다.

"어르신, 혹시 뭐 제가 일할 거리가 있을런지요."

박영수의 말투를 들은 이장이 고개를 갸웃했다.

"북쪽 사람 말투가 아닌데?"

"네. 제주에서 처자식과 함께 왔습니다."

"뭘 할 줄 아시오?"

"글을 가르칠 수 있습니다. 제주에서 서당을 했습니다."

박영수의 말에 이장이 그의 위아래를 훑어보았다.

"서당? 그럼 보통학교라도 나오셨다는 말이오?"

“제주공립농업학교를 마쳤습니다. 졸업장을 가지고 있으니 보여드리겠습니다.”

“오, 그러면 아주 인텔리구만. 어쩐지 눈빛과 품새가 심상찮아 보이더만. 잘됐네. 그러면 우리 마을 아이들 좀 가르쳐 주시오.”

박영수가 고개를 숙였다.

이장이 앞장서 마을에 비어있던 초가집 한 채를 마련해 주었다. 가족이 기거하며 서당을 운영하라는 배려였다. 박영수가 비어있던 집을 정리한 후에 ‘덕이리 서당’을 열었다.

소문을 들은 사람들이 서당에 모여들었다. 아이들은 물론 나이 좀 있는 사람들도 글 좀 배워보겠다며 서당에 자리를 잡고 앉았다. 사람들을 가르치며 박영수가 생각했다.

-그래, 여기서 다시 시작하자. 조용히, 글로 사람을 살리자.

1950년 6월 25일, 제주의 전쟁보다 훨씬 더 커다란 전쟁이 박영수의 가족을 휘몰아쳤다. 6월 28일, 북한 인민군이 고양에 들어왔다. 서울 함락 사흘째. 라디오에서는 “동요하지 말고 각자 자리를 지키라”는 방송만 반복되었다. 그 말을 믿고 남쪽으로 피난 가지 않은 고양군 주민들이 대부분이었다. 박영수는 서당에서 아이들에게는 천자문을, 어른들에게는 논어와 맹자를 가르치고 있었다. 제주에서 피난 온 지 2년. 이제 이곳이 그의 새로운 고향이었다. 둔탁한 트럭 소리가 마을에 울리기 시작했다. 마을이 시끌벅적해지기 시작했다. 박영수가 읽고 있던 책을 덮었다. 집 밖으로 나가보았다. 인민군이 마을에 가득했다. 그가 서당 문을 닫고 집으로 향했다.

"여보, 인민군이 들어왔대요."

김순덕이 떨리는 목소리로 말했다.

"알아. 봤어."

"우리 어떻게 해요?"

박영수가 자신에게 다가온 딸 선옥을 끌어안았다.

"일단 조용히 있자. 피난은 이미 늦었어."

마을에 인민군이 들어 온 이후 며칠이 지났다. 마을 공터로 주민들이 소집되었다. 인민군 정치장교가 연단에 올라 말했다.

"동무들! 이제 이곳은 해방되었습니다!"

청년동맹원들이 박수를 쳤다. 하지만 대다수 마을사람들은 가만히 서 있었다.

"이곳 해방구 통치를 위한 인민위원회를 조직하겠습니다. 우리가 며칠 동안 충분히 조사를 했습니다만, 인민위원회를 이끌 동지에 일단 동무 여러분의 추천을 받겠습니다."

정치장교의 말이 끝나자마자, 누군가 바로 박영수를 가리켰다.

"박영수 동무가 좋겠습니다."

이 말을 들은 박영수가 손을 저었다.

"아닙니다. 저는"

"박영수 동무, 나오시오."

정치장교가 불렀다.

어쩔 수 없는 걸음으로 박영수가 사람들 앞으로 나갔다.

"고생 많았습니다 동무. 서당 선생을 하면서, 혁명의 섬 제주에서 공립고등학교를 나온 인텔리로서, 이곳에 새로운 혁

명의 기지를 건설하기 위하여 인민들의 교육에 힘쓰고 있는 동무의 공적을 높이 치하합니다."

"…."

"좋소. 오늘부로 동무를 고양군 인민위원회 서기로 임명하오."

"저…저는 정치를 잘 몰라서…."

"박영수 동무, 정치가 아니오. 행정이오. 주민 명부, 식량 배급 등 인민들의 가장 중요한 총괄을 우리 당이 동무에게 맡기는 것이오."

박영수는 거부하고 싶었다. 하지만 정치장교의 시선이 사람들 속 아내와 선옥에게 향했다. 그가 나지막이 말했다.

"가족이 있는 사람은 신중하게 생각하시오."

"…."

박영수가 고개를 숙였다.

"알겠습니다."

박영수가 인민위원회 사무실에서 서류를 정리하고 있었다. 주민 명부, 식량 배급 장부, 징집 대상자 명단. 그는 가능한 한 주민들을 보호하려 애썼다. 인민군이 고양군 청년들을 의용군으로 징집하기 시작했다. 생년월일 호적을 제출하라는 명령이 떨어졌다. 박영수는 밤새 명단을 고쳤다. 이미 피난 간 사람들의 이름을 넣고, 실제 있는 사람들의 이름을 일부 뺐다. 한 사람이라도 살리고 싶었다.

1950년 9월 15일. 인천상륙작전이 시작되었다. 낙동강 전선에서 국군이 버티고 있다는 소식이 들렸다. 인민군의 밀물

같은 남하가 멈췄다. 1950년 9월 28일. 서울 수복. 라디오에서 국군과 유엔군의 반격 소식이 흘러나왔다. 인민위원회 사무실의 분위기가 급변했다. 인민군 장교들이 짐을 꾸렸다. 정치장교가 박영수를 불렀다.

"박 동무, 우리와 함께 북으로 가시오."

"예?"

"여기 남으면 위험하오. 당신은 인민위원회 서기였소. 국군이 오면 가만두지 않을 거요."

"하지만 저만 떠나면 우리 가족은."

그러자 그 동안 신뢰 관계가 쌓인 정치장교가 박영수를 한참 바라보다 말했다.

"알겠오. 그렇다면 박 동무 이름은 철수 명단에서 제외하겠오. 행운을 비오."

1950년 10월 1일. 인민군이 철수했다. 국군이 고양에 들어왔다. 박영수는 집에서 서류를 태웠다. 인민위원회 관련 모든 서류와 장부들, 명단 등 자신이 서기로 일했던 관련 서류들을 불태웠다.

"여보, 괜찮을까요?"

김순덕이 떨리는 목소리로 말했다.

"괜찮을 거야. 나는 강제로 한 거니까. 주민들도 다 알고 있으니까. 그리고 내가 징집 명단에서 빼돌린 청년들의 부모들이 나를 알고 있으니까."

하지만 그의 목소리 또한 떨리고 있었다.

1950년 10월 3일. 고양경찰서가 다시 문을 열었다. 최덕수 경위가 고양경찰서로 복귀했다. 그는 전쟁 초기 바로 부산으

로 가족을 데리고 피난 갔다. 이후 경찰 신분이 확인되어 미군 해병대로 귀속됐다. 인천상륙작전에 합류했다. 서울 수복 이후 고향인 고양경찰서로 돌아왔다. 그런 그를 서장이 불렀다.

"최 경위, 고생 많았다."

"아닙니다."

"자네에게 맡길 일이 있네."

서장이 서류를 내밀었다.

"부역자 색출 작업이네. 상부에서 내려온 지시야."

최덕수가 서류철 제목을 읽었다.

-'부역 혐의자 색출 및 처리 지침.'

"엄중 처리하라는 지침, 전시 특별 조치야."

"재판은…."

"재판은 무슨. 그런 거 없어. 우리가 알아서 하면 돼. 즉결 처분."

서장의 말을 듣는 최덕수의 손에 경련이 일었다. 그런 그에게 서장이 낮은 목소리로 말했다.

"최 경위, 우리 동료들이 얼마나 당했나. 인민군한테 끌려가서 총살 당한 경찰이 얼마나 많았나 또 …. 그러니 이제 우리가 갚아줄 차례야."

최덕수가 서류철 안에 적힌 수 많은 이름들을 내려다보았다.

같은 시각, 이경호가 환자를 치료하고 있었다. 환자는 미처 후퇴하지 못한 중상을 입은 인민군 패잔병이었다. 수술을 위한 약

품들이 바닥나고 있었다. 전쟁 이후 의약품 공급이 끊겼다. 밖에서 또 환자가 실려 왔다. 민간인이었다. 이경호가 환자의 상처를 확인했다. 포탄 파편이었다. 이경호가 수술용 핀셋을 깊게 넣어 포탄 파편을 꺼냈다. 마취가 없는 상태의 수술에 환자가 극악을 지르다 마침내 실신했다. 어렵사리 포탄 파편을 꺼내고 다른 환자에게 가는 이경호에게 간호사가 조심스럽게 말했다.

"선생님, 저 인민군 환자는…지금 국군이 고양에 들어왔답니다."

"그게 중요한가?"

간호사가 더 이상 말하지 않았다. 시뻘건 생피 묻은 손을 씻으며 이경호가 읊조렸다.

"나는 의사다…."

1950년 10월 4일 밤. 최덕수가 집에서 술을 마시고 있었다. 아내가 걱정스러운 얼굴로 물었다.

"여보, 무슨 일 있어요?"

"아니야."

최덕수가 자신의 손에 들린 명단을 바라보았다. 그는 박영수를 알고 있었다. 제주에서 온 사람. 서당 선생. 온화한 사람. 강제로 서기를 맡았다는 소문 들었다. 이경호도 알고 있다. 의사. 마을에서 존경받는 사람. 돈 없는 사람도 기꺼이 치료해 준다고 소문난 사람. 하지만 어쩔 것인가. 그는 인민군 패잔병을 치료했다. 그것은 반역 행위였다. 명령은 명령이었다. 최덕수는 술병을 내려놓았다. 그리고 다음날부터, 그는 명령을 수행하기 시작했다.

1950년 10월 9일 오후 2시. 군용트럭이 박영수의 집 앞에

들이닥쳤다. 총을 든 경찰들이 내렸다. 최덕수도 함께였다.

"박영수 씨, 계십니까?"

부르는 소리는 예의일 뿐이었다.

"무슨 일입니까?"

"따라오십시오. 조사받으셔야 합니다."

상황을 직감한 김순덕이 경찰들과 남편 사이를 가로막았다. 박영수가 딸 선옥을 끌어안아 올렸다.

"선옥아, 괜찮아. 아빠 곧 돌아올게."

딸의 머리를 쓰다듬으며 박영수가 말했다.

"선옥아, 책 잘 읽어라. 사람이 글을 잃으면 짐승이 된다."

박영수가 안고 있던 딸을 내려놓았다. 경찰이 그의 팔을 잡았다. 군용트럭에 올랐다. 안에는 이미 많은 사람들이 타고 있었다. 이경호와 박영수의 눈이 마주쳤다.

경찰서로 끌려간 사람들에게 극심한 고문이 가해졌다. 젊은 여성들의 경우, 한밤중에 끌려 나가 온몸이 만신창이가 되어 아침에 돌아오기도 했다. 가혹한 취조가 끝난 일단의 사람들이 검은색의 강인한 군용 삐삐선에 손이 뒤로 묶인 채 트럭에 실렸다. 문산 경찰서로 이송한다고 했다. 하지만 사람들을 실은 트럭은 문산 경찰서로 가지 않았다.

1950년 10월 9일 오후 3시. 트럭이 황룡산 자락에 멈췄다.

"내려!"

경찰들이 소리쳤다. 트럭에 짐짝처럼 쌓여있던 사람들이 끌려 나왔다. 사람들 손은 군용 전화선으로 다섯 명씩 짝지어 묶여 있었다. 박영수와 이경호가 그중에 함께 묶였다. 이경호가 박영수에게 낮게 속삭였다.

"박 선생, 기도하시오."

"네."

금정굴 앞에 다섯 명씩 함께 묶인 사람들이 무릎을 꿇고 앉았다. 사람들 앞에 깊고 어두운 수직굴이 있었다. 경찰의 총에서 총성이 울렸다. 한 남자가 쓰러졌다. 사람들이 비명을 지르지도 못한 채 깊은 굴 어둠 속으로 떨어졌다. 죽은 사람의 무게가 아직 산 자들을 수직굴 속으로 끌어당겼다. 두 번째 총성. 세 번째 총성…. 박영수와 이경호의 차례가 왔다. 다섯 사람 중에 가운데 묶인 두 사람이 수직굴 가장자리에 무릎을 꿇었다. 눈앞에 보이는 아래는 깊은 어둠과 아직 채 끊어지지 않은 목숨의 절규였다. 이번에는 태극단원들이 총을 겨누었다. 박영수가 눈을 감았다. "선옥아…" 이경호가 박영수를 향해 몸을 돌렸다. 묶인 손 때문에 움직임이 제한됐지만, 그는 박영수의 어깨에 이마를 댔다. "박 선생, 두려워하지 맙시다. 우리는 잘못한 게 없소." 총구가 이경호의 뒤통수에 닿았다. 태극단원들이 총구의 방아쇠를 당기려는 순간, 최덕수가 태극단원 한 명을 제지했다. "내가 쏘겠다." 태극단원 한 명이 뒤로 물러섰다. 최덕수가 허리춤에서 권총을 꺼내 이경호의 뒤통수를 겨냥했다. 타-앙! 이경호의 귀가 떨어져 나갔다. 연이어 총성이 울렸다. 삐삐선에 묶인 사람들이 앞으로 쓰러졌다. 서로들의 무게에 의해 우르르 수직굴 속으로 떨어졌다.

금정굴 위에서 최덕수가 담배를 피워 물었다. 다른 경찰들이 주변의 흙을 퍼서 수직굴에 퍼붓고 있었다. 지프를 타고 도착한 서장이 현장을 살펴보고 부하가 가져온 현황판에 사인을 했다.

떨어진 충격에 왼쪽 팔과 갈비뼈가 부러진 이경호가 박영수

의 시신 옆에 숨을 헐떡이며 앉아 있었다. 떨어져 나간 그의 귀에서 핏물이 흘러내렸다. 주변에서 낮은 신음이 들렸다. 아직 숨이 붙어 있는 사람들이었다. 간신히 군용 삐삐선에서 한 손을 뺀 이경호. 그가 어둠 속에서 아직 숨이 붙어 있는 사람에게 기어갔다. 하지만 약도, 도구도, 빛도 없었다. 그가 할 수 있는 건 죽어가는 사람들에게 목소리로 위로하는 것뿐이었다. 그리고 서서히, 도저히 올라갈 수 없는 깊은 수직굴 속에서, 어둠 속에서, 그 또한 스러져갔다. 그리고 그들의 위로 또 다른 사람들의 비명이 계속하여 떨어져 쌓여갔다.

며칠 후, 김순덕이 남편을 찾아 헤맸다. 고양경찰서에 갔다.

"제 남편 박영수를 찾습니다."

"모릅니다."

"10월 9일 오후에 끌려갔어요.."

"기록에 없습니다."

그 말만 돌아왔다. 김순덕이 경찰에서 쫓겨났다. 마을 사람들에게 물었지만, 아무도 대답하지 않았다. 부역자 가족을 돕는 것 자체가 위험했다. 김순덕이 총소리가 울리던 금정굴 근처로 갔다. 총을 든 태극단원들과 치안대가 지키고 있었다.

남편을 기다리며, 김순덕이 딸과 함께 고양에 남았다. 생계를 위해 남의 집 빨래를 했다. 밭일을 했다. 하지만 '부역자 가족'이라는 낙인은 지워지지 않았다. 선옥이 학교에 들어갔을 때, 아이들이 손가락질했다.

"재 아빠 제주도 빨갱이래."

선옥이 울면서 집에 돌아왔다.

"엄마, 아빠가 빨갱이에요?"

김순덕이 딸을 안았다. 그리고 나지막이 속삭였다.

"선옥아, 아버지 이야기는 밖에서 절대 하지 마라. 그리고 제주도 말도 쓰지 마."

그렇게 침묵이 시작되었다. 살아남기 위해 침묵을 생존의 언어로 선택했다.

1960년 4·19 혁명 직후, 금정굴에 관한 진실을 말할 수 있는 분위기가 조성되었다. 유족들 몇 명이 용기를 내서 모였다. 신문에 금정굴 기사가 몇 줄 실렸다. 하지만 1961년 5·16 군사쿠데타. 모든 것이 다시 묻혔다. 몇 명 모였던 유족회도 강제 해산되었다.

1985년 10월 9일. 최덕수가 편지를 썼다. 그는 대한민국 최고의 명예훈장을 받은 경찰 영웅이다. 하지만 그는 언젠가부터 매일 밤 악몽에 시달렸다. 깊은 수직굴 속에서 자신을 올려다보는 수많은 눈동자들이었다. 중풍으로 반신불수가 그가 어느 날 아들을 불렀다.

"태준이가 성인이 되면 주거라."

"네? 이게 뭔데요?"

최덕수의 아들이 굳게 밀봉된 하얀 편지봉투를 받았다. 최덕수는 그해 겨울 죽었다.

1987년 6월 시민항쟁이 전개되었다. 전국에서 최루탄이 터지고 화염병이 날아다녔다. 학생들에 뒤이어 넥타이를 맨 시민들이 거리에 나서기 시작했다. 그리고 마침내 TV에서 양복을 입은 군인이 나와 시민들에게 항복을 선언했다.

금정굴 근처 마을에 이상한 소문이 돌기 시작했다.

"그거 알아? 금정굴에서 밤이면 이상한 소리가 들린대."

"무슨 소리?"

"사람들 우는 소리. 이름 부르는 소리."

마을 사람들이 금정굴 근처를 피했다. 하지만 사람들은 알고 있었다. 그것은 이상한 소리가 아니라 기억의 소리라는 것을. 묻힌 자들의 소리라는 것을. 자신들이 애써 잊으려 하는 망자들의 비명이라는 것을.

1995년 9월, '금정굴 유족회' 부회장인 박선옥이 송달된 통지서을 읽었다. 법원에서 마침내 금정굴 발굴 허가가 결정되었다. '빨갱이의 자식'이라는 멍에에서 끝내 벗어나지 못한 박선옥이었다. 그로 인해 결국 이혼까지 당한 그녀였다. 박선옥이 회원들과 함께 금정굴을 찾았다. 동시에 발굴 현장에 용역들이 몰려왔다. 불법 발굴이라며 막는 용역들과 법원의 발굴허가증을 든 유족회 간에 몸싸움이 벌어졌다. 조금만이라도 파 보자는 유족회의 간청에 약간의 발굴이 시작되었다. 금정굴에 삽을 댄 지 얼마 지나지 않았는데도, 바로 유골들이 발견되기 시작했다. 구멍 난 두개골, 정강이뼈, 머리카락, 신발. 탄피. M1 소총 탄피. 군용전화선…. 금정굴 앞에 박선옥이 무릎을 꿇었다.

"아방…."(아버지)

MBC PD수첩이 방영되었다. '분단 비극의 현장, 금정굴 마침내 열리다' 박선옥이 TV 화면에 나왔다. 수북한 유골들이 나왔다. 아나운서의 목소리가 이어졌다.

- 1950년 10월, 이곳에서 최소 153명이 희생되었습니다….

*

한결이 아버지에게 전화를 했다.

"아빠, 할아버지 이야기 저 알고 있어요."

휴대폰 속에서 한결의 아버지가 긴 침묵을 전했다.

"아빠, 왜 저에게 할아버지 이야기 그렇게 말하셨어요?"

한결의 말에 긴 침묵을 전하던 아버지가 천천히 입을 열었다.

"나 하나로 족해서 그랬다. '빨갱이의 자식'이라는 낙인"

"아빠, 그건 상처가 아니라 진실이잖아요."

"한결아, 세상은 변한 것 같지만 그렇지 않아. 안 변했어. 지금도 보훈단체들이 뭐라고 하는지 알잖아. 아직도 빨갱이들이 설친다고."

"괜찮아요, 아빠. 그래도 저는 이 일 계속할 거예요. 내일 저 기자회견 해요. 그리고 제 할아버지가 이경호라는 것도 공개할 거예요."

"한결아! 그러면 안돼. 내가 어떻게 지금까지 살아왔는데. 그리고 너는 공무원이야."

2024년 3월 고양시청 대회의실. 금정굴 희생자 유족들이 단상에 앉았다. 박선옥의 바로 곁에 한결이 앉았다. 사회자가 마이크를 잡고 말하기 시작했다.

"금정굴 희생자 유족 지원 조례에 따라, 2차 발굴 작업을 올해 안에 시작하겠습니다."

기자들이 사회자의 말을 받아 적기 시작했다. 한 기자가 손

을 들었다.

"보훈단체들이 반발하고 있는데 계속 강행할 겁니까?"

알고 있습니다. 하지만 조례에 따라 진행합니다.

그러자 다른 기자가 또 손을 들어 물었다.

"6.25 전쟁 중에 북한을 위해 일했던 부역자를 기리는 게 적절하냐는 비판도 있습니다."

한결이 마이크를 잡았다.

"방금 질의했던 기자분의 말은 사실과 다릅니다. 그들은 부역자가 아닙니다. 그들은 '국가범죄에 의한 민간인 학살 희생자들'입니다."

한결의 단호한 말에 사람들이 술렁였다.

"제가 이 자리에 앉은 것은 저의 할아버지가 금정굴 희생자이기 때문입니다. 저의 할아버지 이름은 이,경,호입니다. 저의 할아버지는 의사였습니다. 한국전쟁 당시 인민군 패잔병을 비롯한 모든 환자들을 치료한 사람입니다. 왜 인민군을 치료했냐고 묻는다면 저는 그렇게 답하겠습니다. 그는 의사의 손길이 필요한 환자였고, 우리 할아버지는 의사이셨으니까요."

마이크를 잡은 한결의 목소리가 떨렸다.

"그런데 그것이 부역이 되었습니다. 재판도 없이 총살당했습니다. 금정굴에 버려졌습니다."

기자회견이 끝났다. 지역방송 화면에 한결의 모습과 발언이 나왔다. 한결의 직속상관인 과장이 한결을 호출했다.

"이 주무관, 지금 뭐 하는 거야? 시청에 항의 전화 빗발치는 거 몰라? 도대체 이 사태를 어떻게 책임질 거야?"

한결이 시청 인근 카페에서 최태준을 만났다. 태준이 한결

에게 편지봉투를 건넸다.

“방송에서 한결 씨를 보았습니다. 이걸 전해 드리려고 왔습니다. 제 할아버지 성함은 최덕수입니다. 이것은 저의 할아버지가 마지막으로 남긴 편지입니다.”

“네? 할아버지가 최덕수라고요?”

편지봉투를 받는 한결의 손이 떨렸다.

“네. 금정굴 민간인 학살을 집행한 경찰 최덕수가 저의 할아버지입니다. 할아버지께서 마지막으로 남긴 편지, 읽어보았습니다. 금정굴에서 의사 이경호를 쏜 분이 바로 저의 할아버지였습니다. 하지만 저의 할아버지는 최후까지 인간성을 포기하진 않았습니다. 이 편지 공개해도 됩니다. 그 동안 많이 고민하고 내린 저의 결정입니다. 아마도 할아버지께서 이날을 예견하신 것 같습니다.”

한결이 태준에게 받은 최덕수의 편지를 기자들 앞에서 공개했다. 그날 저녁 공영방송 뉴스에 헤드라인이 흘렀다. ‘금정굴 민간인 학살 가해 경찰의 고백’ 방송이 나간 이후 보수단체들의 시위가 고양시청 앞에 들끓었다.

-빨갱이 기념사업 중단하라!

-빨갱이들을 위한 세금 낭비 결사반대한다!

시청으로 출근하는 한결을 향해 시위대 중 누군가 달걀을 던졌다. 자신의 머리에 맞아 노랗게 흘러내리는 것을 손으로 훑으며 묵묵히 걸어가는 한결이었다.

-이것은 부끄러움이 아니라 증거이다.

2024년 9월, 한결이 박선옥과 함께 서명 운동을 시작했다.

'금정굴 2차 발굴 촉구 서명'이었다. 한 달 만에 5,000명이 서명했다. 그 결과 마침내 그해 10월 9일 '74주기 금정굴 위령제'가 열렸다. 최덕수의 편지를 공개한 한결이 위령제 단상에 섰다.

"신원이 확인된 희생자 153 영령의 이름을 부르겠습니다."

한결이 명단을 읽기 시작했다.

"박영수…이경호…."

한결의 호명을 바람이 허공에 전하고 있었다. 한 송이 국화꽃을 든 채 한결의 뒤에 앉은 박선옥이 허공을 바라보았다.

2025년 4월, 봄이 왔다. 하지만 한결에게는 여전히 겨울이었다. 보수적 성향의 시의원들과 우익 시민단체들에 의해 금정굴 관련 예산이 전액 삭감되었다. 2차 발굴이 무산되었다. <진실화해위원회>에서 권고한 사항은 말 그대로 권고 사항에 지나지 않았다. '금정굴 평화공원 건립' 또한 여전히 표류중이다. 한결이 홀로 금정굴을 찾았다. 다시금 잡풀이 우거진 길을 헤치고 올라갔다. 한결이 금정굴 앞에 꽃을 놓았다.

"할아버지, 한결이에요."

어디선가 바람이 불어와 한결의 뺨을 어루만졌다.

"미안해요. 2차 발굴 못 했어요. 평화공원도 못 만들었어요."

한결이 가방에서 노트를 꺼냈다. 지난 1년간 기록한 것들이었다. 박선옥 할머니의 증언, 최덕수 경찰의 편지, 153 영령의 이름, 그들의 지난 75년 간의 이야기들이 담긴 노트였다.

"하지만 기록했어요 할아버지. 여기 다 있어요."

한결이 노트를 쓰다듬었다.

"제가 책으로 만들 거예요. 누군가는 저의 책을 읽을 거예요."

박선옥이 입원했다. 급성폐렴이었다. 한결이 병문안을 갔다.

"할머니, 제가 왔어요."

박선옥 침대에서 가쁘게 숨을 쉬고 있었다. 한결의 목소리를 들은 박선옥이 희미하게 눈을 떴다.

"한결이 왔구나…."

"네, 할머니."

"고맙다."

"제가 더 감사해요. 많은 증언을 해주셔서."

박선옥의 눈에 눈물이 고였다.

"덕분에 아버지 이름을 찾았다."

"…."

"이제…그나마 편안히 갈 수 있다."

한결이 박선옥의 바짝 메마른 손을 잡았다.

"아니에요 할머니. 조금만 더 기다리셔야 해요. 제가 할머니 이야기도 담긴 책을 만들고 있어요. 평화공원도 곧 건립될 거고, 2차 발굴도 곧 이뤄질 거에요."

"그래야지…어릴 때 보았던 아방의 얼굴이 요새 자꾸 보여…피곤하구나."

한결의 말을 들으며 박선옥이 미소 지었다.

박선옥이 세상을 떠났다. 장례식에 유족들이 모였다. 한결도 참석했다. 영정 사진 속에서 박선옥이 웃고 있었다. 한결이 절을 했다.

"할머니, 약속 지킬게요. 할머니 이야기, 할아버지 이야기,

모든 이름들의 이야기. 제가 꼭 책으로 만들 게요."

한결은 박선옥의 영정 사진을 보며 작은 목소리로 속삭였다.

"편히 가세요. 이제 아버지랑 편하게 만나세요."

박선옥의 장례식장에서 나와 집으로 돌아오는 길. 한결이 버스 안에서 창밖을 보았다. 황룡산이 보였다. 저 산자락에 금정굴이 있다. 아직 눈감지 못한 우리 역사의 넋들이 있다. 한결이 생각했다. 포기할 수 없어. 이대로 끝나면 그들은 역사에서 또 한 번 학살당하는 거야.

2025년 10월 9일, '금정굴 민간인 학살 75주기 위령제'. 한결이 금정굴 앞 사람들 속에 앉았다. 작년엔 100여 명이 왔었다. 올해는 그 절반에 못 미치는 사람들이 참석했다. 사회자가 식순에 따라, 박순옥의 자리를 이어받은 한결을 앞으로 불러냈다. 한결이 하얀 종이에 적힌 명단을 펼쳤다.

"금정굴 민간인 학살 피해자 영령 153분의 이름을 부르겠습니다."

한결의 목소리가 산자락에 울려퍼졌다.

"김00…박영수…이경호…한00."

바람이 한결이 부르는 이름들을 품어 허공에 실어 날랐다.

위령제를 마치고 내려오는 길, 한결의 앞에 한 쌍의 젊은 등산객 올라오고 있었다. 젊은 여자가 한결에게 물었다.

"저기, 여기 정상 가는 길 맞나요? 사람들 분위기가 잘못 들어온 것 같아서요."

"여기는 금정굴 가는 길에요."

"금정굴이요?"
"네, 조금 더 가면 금정굴이 있어요. 그곳에서 1950년 10월에 민간인 153명이 학살을 당했어요. 오늘이 그 영령들을 위한 75주기 위령제 날이에요."
"이 근처에 그런 곳이 있다고 듣긴 했는데. 몰랐어요. 여기가 그곳인 줄."
"아니에요. 사람들 대부분 잘 몰라요. 하지만 이제 한 분이라도 더 알게 되었잖아요."
한결의 말에 젊은 여자가 잠시 생각하다 고개를 끄덕였다.
"네. 기억할게요."
산 정상으로 간다던 젊은 커플이 한결을 지나 금정굴 쪽으로 향했다. 오늘이 위령제 날이라고 하니 가서 묵념이라도 하겠다고 했다. 그런 그들을 지나 보내며 한결이 생각했다. 그래, 한 명, 이렇게 한 명씩이라도 기억하면 된다. 한 사람씩이라도 기억한다면, 역사는 또 다시 학살되지 않는다. 아직 끝나지 않았다. 한결의 어깨에 바람이 스쳤다. 그 바람 속에서 누군가의 이름이 천천히, 부드럽게 불리었다. 그건 바람이 부르는 소리가 아니었다. 누군가의 기억에 아직 살아있는, 아주 오래된 숨소리였다.

시 • 1

눈 웃음 꽃 외 2편

정 안 덕

긴긴 열대야에
풋감 떨어지는 소리
철렁, 가슴 한쪽이 무너졌다

멀뚱한 눈은 바퀴벌레처럼 떠돌다가
아침 뜰을 서성이고

당신은 허리 구부린 채
두 눈으로 말 없는 말 쏟아냈지

스치면 인연
스며들면 사랑이라지만

따뜻한 햇볕 냄새
흙을 빨아들이며 스며들 듯

부담은 접고 혜택은 나누자며

수레바퀴는 혼자 돌 수 없다고

티끌 하나 없는 사랑
당신의 하루가 태양처럼 빛났지

내 안의 열정 식어가도
미래는 충만으로 가득하겠지

해피 바이러스는 힐링이지만
준비 없는 여행은 도돌이표

아시나요
이별은 마음 한 점 도려내는 것

위기 속에 기회가 있어
우리는 쉬지 않고 흔들리며 살아간다지

흙냄새 풀풀 날리던
풀숲 지나

눈 웃음 꽃 사르르 피어내던
당신은 지금 내 뜰을 서성거리고

가난의 기호

내 푸른 수건은
넓은 들녘에 펼쳐 놓기만 하면
하얀 꽃술 위에 바늘이 매달린
푸른 들녘이 되어 미끄러지듯 나비가 날고

서쪽 하늘에서는
어머니의 얼굴이 노랗게 내린다

까끄러운 보리가
누렇게 익어 가면
아카시아꽃을 따 입안 가득 넣고

양지바른 산비탈에 앉아
쇠똥구리 세어가며
장에 가신 아버지를 기다렸지

등 뒤 새끼줄에 묶여온 상어
무쇠솥 검은 바다에서 펄떡이고

심장은 나보다 먼저

공포를 감지해
떨린 가슴 어머니의 눈물로 덮었지

가난의 기호인 보릿고개 뒷편
악다구니로 꿈을 쌓아 올린
저 황금빛 바다 출렁이고

38선 마을

김 노인은 북쪽이 코앞에 보이는 마을을 떠나지 못하고 있었어요
늙은 부엉이처럼
눈이 잘 보이지 않아도
빛은 천장에서 싹트니 사방으로 뻗어 가리라 믿었지요

철조망 밑으로 땅굴이라도 파고 가고 싶지만
날마다 교회에 가서 하나님께 제 마음을 꺼내 보이는 게 다였지요

그래도
마을을 떠나지 못한
김 노인은
절망을 하수구로 떠내려 보내고
그래, 그래, 혼잣말을 웅얼거리며 허둥댔다지요

칼 세이건은 기술적 발전이 파괴의 요인으로 작용한다 했다지만
담배 연기에서 싹이 터 줄기로 뻗어가는 걸 보면서
당신은 쿠사마야요의 호박 그림을 패러디하면서

젠장, 젠장! 구시렁거렸다지요

관광객들이 고함치고 난리를 쳐도
거리는 깨어날 줄 모르고
오죽하면
달도 점점 멀어져 갔다지요

당신의 틀니는 달그락거리다
어디론가 튀고
기형적인 생각들로 가득한 뇌는
혼자 돌면서 세상도 함께 돈다고 머릿속만 모두 방전되었다지요

통일 때문에 잠을 이루지 못한
당신에게 희망을 노래했던 강물마저 흘러가버렸다지요

가끔 악몽에서 깨어난 당신은
세상을 찢어버리려는 듯 눈을 번쩍 떴지만
꿈은 문틈으로 모두 빠져 나가버렸다지요

아담의 고향이라도 찾겠다는
당신을
바람이 세차게 때렸고 철조망은 비웃었다지요

당신의 영혼을 매장해 놓은
삼팔선에서 당신은 지금도 이기백의 한국사를 읽고 있다지요

꽃, 망초 외 2편

장 혜 승

누가 저들의 외침에 토를 달 수 있겠나?

하늘에 닿지 못했던 울부짖음들이
검붉은 밤들을 근근이 건너와서
망했었던 유월의 빈터를 하얗게 덮어주고 있다

무서웠던 그날들의 납작한 베갯머리에는
찢어지고 있었던 비명들이 초롱초롱하고
감옥에 갇힌 애국가는
애국자들의 떼창에 귀를 막고 있었는데

고쟁이에 묻은 하얀 피를 씻고 다시 누웠던
여린 꽃들의 앓는 소리, 이유 불문 하얀색이다

빼앗긴 것은 되찾았지만
내어준 것은 되찾을 수 없어서

저렇게 작은 입을 커다란 주먹으로
틀어막아 놓고서
난쟁이 갓난쟁이 유월은

내어 줘버린 작은 양손에 태극기를 들려서
살 떨리는 기억 앞에 세워놓고
목청 찢어지도록 아무 노래라도 불러라 한다

별똥별

누가 또 쫓겨난다

사력으로 반짝이던 별 하나
새파랗게 질린 채
생똥을 내지르고 떨어진다

남은 별들
밤이 시퍼렇도록 땀을 쏟는다
온 하늘 땀범벅이다

넓고 깊은 저 나라에
작은 저 별 하나

열심히 반짝일 수 있게
그냥 두고
허공은 하늘이 될 수 없나?

씨앗

혹한 속에서 잠잠할 줄 아는

혀끝의 비수 함부로 뽑지 않는

뿌리내린 자리에서 옮겨 앉지 않는

땡볕까지 다스릴 줄 아는

언 땅 뒤집어 만찬을 베푸는

돌무더기에서도 자신을 피워내는

태산에게도 꿇리지 않는

세상만사 다 읽을 줄 아는

작고 작은 너

어둠의 출처 외 2편

이 중 동

어제의 태양을 물고 간 기러기는
아침이 되어도 돌아오지 않았어요
방안에 갇힌 어둠을 유리그릇에 퍼 담아요
투명한 공간은 어둠을 숨길 수 없어요

어둠은 언제부터 어두운 곳에만 살았을까요
유리창에 맺힌 이슬로 목을 축이고
문틈 바람으로 숨을 쉬고 있었나 봐요
방바닥 먼지는 며칠 분의 양식일까요
몇 시에 잠을 자고 몇 시에 깨는지
묻지 않기로 했어요

나는 늘 어둠 속에서 혼자 놀아요
글루미 선데이*를 듣고 파우스트를 읽어요
어제는 악마와 계약했어요
젊어지는 약을 먹고 오늘을 살아 보기로 했죠
악마는 방안에 갇힌 어둠을 이길 수 없어요

피아노 소리에 우울한 잠이 깼어요
커튼을 열어도 빛은 보이지 않고

계약은 종료되고 악마는 어둠에 졌나 봐요

어제의 태양을 물고 간 기러기는
오늘도 돌아오지 않아요
보일 듯 보이지 않는 오늘이
여전히 어둠 속에서 맴돌고 있어요
어둠에 갇힌 나는 어제의 어둠을 퍼 담고 있어요

*글루미 선데이: 헝가리 작곡가 셰레시 레죄의 곡

내일의 눈사람

너를 만나려면 놀이터가 좋겠지
하얀 목도리와 붉은 장갑을 낄 거야
차갑던 너도 붉은색을 보면 흔들릴지도 몰라

시소에 앉아 있던 꿈들은 집으로 돌아가고
그네와 그네 사이로 냉랭한 바람만 불고 있어
어둠이 미끄럼을 타는 동안 마주친 너는
오래된 연인처럼 눈망울이 빛났어

겨드랑이 사이로 서먹한 바람이 지나가고
남겨진 시간을 가늠하며 두 손을 호호 불 거야
내 몸속 뜨거움은 여전하지만, 네 앞에 서면 차가워져
하늘을 쳐다보며 나는 매일 물이 되는 꿈을 꿔

꿈쩍도 하지 않는 너를 살며시 끌어안으면
심장 저편에서 여울물 흐르는 소리가 들려
네 곁에 오래 머물 수 없는 것은
내 심장이 뜨겁기 때문이야

오래전 떨리던 나의 말들을 기억하니

너에게 닿지 않던 말들이 흘러갈 시간이야
예정된 이별이 그네처럼 흔들리고 있어
순백의 시간을 여울물에 띄워 보내면
녹아든 말들이 밤새 웅얼거리며 흘러갈 거야

바람이 어둠을 둘러업고 떠날 시간이야
나는 울지 않고 오래도록 여울물 소리를 듣고 싶어
우리가 더 이상 함께할 수 없는 것은
너의 심장이 차갑기 때문인지도 몰라

풍설야귀인風雪夜歸人*

별빛이 보이지 않는 산중
쌓인 눈빛만이 길을 밝히고 있다
검둥개는 사립문 앞에서 짖는데
눈을 잃은 나무들은 그 소리를 보지 못한다
한번 길들여진 짐승은 목줄이 없어도 길을 나서지 못하고
길가의 나무들은 허리를 굽혀 길을 재촉한다

나무들은 천 년을 살아도 눈이 어두워
눈 밝은 새들을 품에 기르고
발이 묶인 새들 대신 산을 넘어온 바람이
바깥소식을 전하자
늦은 밤 온몸으로 안부를 받아적는 나무들

눈目을 잃고 눈보라 몰아치는 밤
사내는 지팡이를 끌고 아이는 머리를 동여매고
길을 나선 지 오래
눈길은 발목을 묶고 걸음을 허락하지 않는다

길들여진 짐승들이 돌아갈 곳 어디인가
골짜기를 돌아가면 헐거운 사립문

눈目 잃은 나무들과 얼어붙은 눈雪 사이에서
인정 없는 바람만이 거침없이 자유롭다

*풍설야귀인風雪夜歸人: 조선 후기 화가 호생관 '최북'의 그림 제목.

거품으로 존재하는 법 외 2편

이 정 희

맥주를 마시며
맥주는 거품 맛이라고
사라질 거품을 물고
거품을 칭찬하는 사람들

지독했던 여름 끝에 앉아
다가올 달콤한 시간을 기다리지
거품같이 부풀어 오른 사랑,
그 안에 갇혀 시간도 잊은 채
속삭이던 젊은 날처럼

거품은 잠시라서
더 뜨겁게 사랑하고 울고 웃는 걸까

그러나 마약처럼 우리를 병들게 하는 거품
사라진 자리엔 착잡함만 남아 있지
지난 여행지에서 보았어
거품이 빠진 이웃나라의 텅 빈 얼굴들

살기 위해 거품을 문 게처럼

우리도 살아가기 위해 애써 거품을 물지
거품처럼 피어올라 거품처럼 사라지더라도
우린 그 순간 온전히
존재하는 법을 배우지

삶이란
잠깐의 빛을 찾아
끝없이 걸어가는
거품의 춤일지도 몰라

향기의 길

봄을 걷다 보면
겨울을 견딘 꽃들이
향기로 말을 걸어와요

벚꽃의 떨림, 진달래의 열정, 목련의 하얀 결심, 라일락의 속삭임
저마다의 향기로 봄을 노래해요

젖지도 떨어지지도 않는 향기는
마침내 불어오는 바람 따라 천 리 길을 가요

그날의 교실
창밖의 라일락 향기는 깊게 속삭여요
홍조 띤 얼굴의 떨림에 닿던
말할 수 없는 마음 하나

향기는 사라지는 것이 아니라 깊어지는 거지요

향기로 가득 찬 봄은
더 깊은 곳으로 시냇물을 흘려보내요

어느 먼 기억을 안고 오는 이도 있어요

가난해서 배움이 고팠던 아이에게 자신의 봄을
나눠준 한 선생의 조용한 숨결
아이는 자라 마음에 스민 향기를 나누며
오늘을 살지요

향기는 말이 없지만
말보다 더 오래 더 멀리
봄을 물들이지요

이내의 시간*

빛이 사라진 하늘에 여운이 길게 남아
강물은 하늘을 삼키고 하늘은 강물에 스며든다
멀리 민가의 등불은 하나 둘 별이 되어 떠오르고
나무들은 거대한 산의 품에 안긴다
까치인지 까마귀인지 알 수 없는 새가 날고
늑대인지 개인지 모를 그림자가 강가를 거닌다

어둠이 우리의 마음속을 한 발짝씩 침범할 때
오롯이 나를 돌아보는 시간
모호함 속에 새로운 가능성을 본다
이럴 때 어둠은 차라리 빛이다
어둠은 빛이 되어 말을 건네고 빛은 어둠 속으로 스며든다
하늘과 강처럼 모든 것이 어우러져 흐른다
강물이 끝나는 곳에 바다가 열린다
소멸과 탄생이 이루어지는 불멸의 시간

*이내의 시간 : 길어야 20분이 안 넘는, 낮과 밤이 교대하는 시간의 하늘

그 이후 외 2편

이 선 유

갈잎 하나, 툭
비바람 견뎌온 생에 방점을 찍고
물 위에 떨어졌다

구름과 나무의 그림자가 드리워진 곳
허공이 들어찬 빈껍데기 거친 숨을 쉰다
뒤안길로 슬쩍 밀려난 자리
한껏 부풀었다가 구겨지면서
무위의 날들 물길 따라 흘러간다

햇살은 그날의 안부를 물으며 다녀가고
저녁을 밝히는 뭇별들의 환한 적막 속
의식은 몽롱한 채 낯선 풍경에 젖어 들고
지나온 길도 가야 할 길도 아련하다

물 밖은 흐드러진 구절초의 향연
찬 공기에 단풍나무 낯빛이 붉어지고

물살은 고요하다가 거세지다가 소용돌이치다가
닳아지고 너덜거리다가

개울을 지나 강물을 지나
어느 골짜기를 부는 한 점 바람이 되려나

한때는 허공을 푸르게 팔랑 거리던 잎새였는데
내 안에 나는 없고 어디에도 나는 없으니
더 무엇을 움켜쥘까

아우라지

징검돌들이 누워 흥얼거리는 곳
두 물이 나란히 흐르는 곳
며칠 전 내린 비 탓일까
흙탕물 거칠게 흐르는 골지천과
잔잔히 흐르는 송천의 맑은 물이
서로의 맨살에 얹고 기대면서
물금을 그리며 흘러가네

서로를 조금씩 내어주며
조금씩 서로에게 스미며
깊어지면서
넓어지면서
서로를 탐색하는 시간

낯선 두 사람 만나
생의 강물에 몸 담그고
고요히 흘러가듯
당신과 내가 그러하듯

지나던 산비둘기 울음도

한 무리의 구름도 강물에 뛰어들었네

아우르며 사는 거라고
그런 거라고

검은 바퀴

그는 검은 안경으로 요약된다
환한 대낮을 더듬더듬 걸어가는 사내
지팡이로 바닥을 노크하며
빛의 등고선과 농담濃淡을 체크하고
조심히 발 내민다

질주하는 도시를 혼자 건너가는 사내
소리와 냄새가 그려내는 지도 따라
두 손으로 길의 지문을 읽어낸다

빛이 차단된 두 눈은 보이지 않는 바퀴이다
엄마 손을 놓고 줄달음치던 아이가 지팡이에 넘어지고
교차되는 잰걸음이 그를 밀치고 지나간다

한순간에 세상을 압수당한 두 눈은
채도와 명도를 따지지 않는다
다만 감은 눈을 자신의 마음 안으로 가두는 일
그의 입술을 대신하는 일
담장 위 달팽이가 더듬이로 기어가듯
바람의 촉수가 어깨를 부추기며 등을 떠민다

어둠의 반경에서 늘 빙빙 도는 사내
검은 유리창 밖은 속도가 지배하는 세상
속도를 놓쳐버린
검은 안경 속 눈동자만이 바퀴처럼 굴러간다

환전된 투지 외 2편

윤 선 길

우리의 고통스러운 나날은
누군가에 의해
중국산 양복을 입고
미국산 총탄을 흩날리며

누구 하나 자유롭지 않은 나날로
하루하루를 빛으로 전진해 왔다
우리의 일기를 당당함으로 쓸 수 있는 건

전신주를 세우고 송전탑을 세우는 데도
모진 세월들에 절해 가며
옛 공덕들에 아쉬운 소리 해가며
꾸벅꾸벅

그러므로
우리는 왜 중국 사람이 되어있는지 물어서는 안 되는 것이다
우리가 간신히 묻혀있는 땅에
하루하루 돌린 미싱 기계에게 물어보라

영혼은 수출할 수 있어도

투지가 환전될 수 있으랴

잠시 멈춘 기계가 형태를 바꿀 순 있겠지
일어선 이유가 왜곡되는 일은 용서하지 않는다

그녀의 얼굴

평소와 다름없이 바라본 그녀의 얼굴
왜인지 모르게 늙어있었다는 생각
나도 늙어갔지 다른 이는 젊어 보인다 했지만

아무 의미 없이 시간만 축내고 있었던 것이다
모인 글들이 시간으로 뭉쳐 싸우지 못하고
쓸데없는 재고만 계속 늘어가네

사람은 누구나 병으로 죽어간다
늙어간다는 말 아래 모두가 무릎 꿇는다

우리는 절벽으로 가는 중이었다
절벽으로 가는 것, 절벽으로 가는 중
두 말을 되뇌이다 멈춰 세우는 의지를
알았다는 것이 얼마나 귀한가

우리는 여전히 절벽의 의의로 꿈틀거린다
비행기가 내려왔을 때 부드러워야 할 그곳

콘크리트가 부딪쳐올 텐데

여전히 제거를 못한다

그녀의 얼굴이 갑자기 무서워졌단 말은 못 하겠다
하지만 못 잡을 인연 침이나 뱉자고 할까
아롱아롱 그녀의 눈은 변한 게 없는데

나의 마음만 늙어 절벽을 배회하네

마찰열

비행기가 별을 낳았다
아무것도 잉태하지 못하는 저 비행기가
날아오르는 순간

저 비행기는 하늘에서
무엇을 할지 모르는 순간을 잉태하지

나의 시간들이
탄산들로 가득해

암세포를 꿈꿀 수밖에 없는 내일이지만
수용성의 내일은 나를 보글보글 끓는 사랑의 미래로

오늘은 죽고 싶다 말하고 있었다
나의 발로 상태의 국적을 바꾸어보려는 시도
끊임없이

애초엔
저 비행기가 미사일을 낳아 이 땅을
죽음의 땅으로 만들었다고 생각했다 나는

내일을 바꿀 시간을 비벼봤던 것이다

짖어도 오지 않는 시간이라고?
짖음이 누적되어야 오는 시간이다

누군가 옆에 있어야 외 2편

양 형 진

말보다 욕이 먼저 나올 때가 있다
우리끼리만 있을 때 나오는 말들은
입안을 다 헹구지 않아도 나온다
짝다리 흔들고 바닥에 침 뱉으며
말할 때도 있는데 그때는
무엇이건 용서가 안된다는 증거다

한 번은 급히 돌아서다가 책상 모서리에
무릎이 찍힌 적 있다
내용도 없는 화가 머리끝까지 뻗어 갔지만
혼자라는 사실이 착한 말을 나오게 한다
욕은 누군가 옆에 있어야 힘이 난다

주머니 속에는

주머니에 손을 넣으면 원하는 것이 잡힌다
눈보라 치면 손난로가
우울할 때면 어머니 목소리가
그렇다고 언제나 내 편에서 바짝 기다리고 있지는 않다
어떤 날엔 주머니 속에 주머니가 또 있어
손톱만 물어뜯은 적도 있다
손 넣기 좋은 곳에 자리 잡은 주머니
묵직하게 닫혀 있을 때도 있고
바람이 소문 없이 빠져나갈 때도 있다

주머니에 손을 넣었다 빼면 생활이 허공처럼 끌려 나온다

말과 말 사이에서

그날 이후로
변했다는 말이 듣기 싫어서
안 변했다는 말을 쓰기 시작했다
써야 할 말들이 잊힐까 봐
잠들기 전 천장에 쓰고
설거지하다가 수세미에 쓰고
노래 듣다가도 썼다

쓴 내용이 깊고 방대해
감당할 수 없이 기뻤으나
너무 여러 곳에 써서 어떤 글이
어디에 달라붙었는지 찾을 수 없었다
책 한 권은 족히 나올 것들이
어디에 살고 있는지 깜깜했다

오늘은 술잔에 쓰러 간다
숨어있는 모든 말들이
다 쏟아져 나올 것만 같다
그날 이후로
변했다는 말과 안 변했다는 말들이
뿌연 황사처럼 늘 싸우고 있었다

신선수산 풍경화 외 2편

안 재 홍

물을 만나 물처럼 흐르다가
물길을 따라가지 못하여
신도림역 모퉁이 횟집에 누웠다

초여름 햇살이 수족관을 훑고 갈 때
눈꼬리가 왼쪽으로 흘러내려
내가 누구인지 기억나지 않는다

한때는 날렵한 몸매로
깊은 바닷속을 유영하였으나
지느러미는 부러진지 오래
부레도 더 이상 부풀기를 포기했다

닳아서 없어질 몸도
횟집에 누우면 싱싱한 안주가 된다
살점은 촘촘히 저미어져 초장에 찍히고
두둑했던 뱃살은 간장과 어울린다

가끔 사람들이 뜨거운 매운탕을 먹을 때
하잘것없는 이 생애를 음미하고

술잔을 들어 축원해 준다면
그것만으로도 한 세상 위로받을 것이다

신선수산에는
거친 파고를 헤치고 온 노동자들이
저녁마다 파시처럼 모여서
오늘과 내일을 관통하는 절망과
스스로의 삶을 증명하는 방법에 대하여
숨 가쁘게 이야기한다

안경다리가 부러진 오후

도로는 서쪽을 향해 뻗어 있었고
길 위의 길은 부드러운 최초였다

꽃이 나비를 가두자
나비는 사유의 가운데에서 버둥거렸다
어느 쪽으로도 흔들리지 않으려 무심한 척하는 동안
꽃잎은 하염없이 흘러 바다에 닿고자 했다

여름은 소문을 휘저으며 맹렬하게 타올라
자칫 얼어붙을 뻔한 과거를 모두 녹여냈고
변명이 변명을 낳자 시간은 점점 무거워졌다
태양 아래 환히 보이는 흔적을 발견하고 나서도
생각의 부재를 복제할 뿐이었다

강물에 날개를 적시니 눈앞이 흐릿하게 번져갔지만
촉수를 늘여 사방으로 더듬은 끝에
엉클어진 미로에서 벗어날 수 있었다

뜨거운 말들이 거리에 팔랑거리고
나비가 숲을 지나 마침내 수평의 모습을 가졌을 때

아무도 꽃과 나비를 기억하지 않았다

그리하여 안경을 고쳐 쓴 그는
가파른 강둑 아래로 사라질 수 있었으며
부러진 안경다리가 가리키는
하구의 꽃잎을 무색하게 바라볼 수 있었다

누구든 위태로운 오후를 가져보았지만
한낮의 풍경 밖으로 벗어나지는 않았다

어느 시인의 넋두리

당신은 아직도
내 시를 찾아 읽고 있나요

구름 위를 떠도는 삶이었어요
벼랑 위를 걷고 있으면서도
마치 다 안다는 듯 꾸며냈죠

물비린내 섞인 강가에 앉아
생각의 가장자리를
헹구는 흉내만 냈어요

이제는
진실과 거짓조차
구별할 수 없게 되었어요
진실은
밭고랑 위의 눈처럼
흔적 없이 사라지고
거짓은
어둠 속에서 자라
튼튼한 뿌리를 내리기도 하죠

그동안 쌓아온
내 시의 집을
무너뜨리려 합니다
바람의 힘을 빌려
구름의 주소를 바꿀 테니
달콤했던 그 시,
더는 읽지 말아 주세요

깨어있던 눈빛의
예리함도 사라졌고
겨울 골목,
전깃줄의 떨림도
산철쭉의 꽃눈도
그대의 잔기침 소리에도
더 이상
마음이 흔들리지 않아요

얼어붙은 심장을
다시 녹이려 애쓰지만
지금은
두 손을 꼭 묶어 묻어둘 거예요

수필

깨가 쏟아지는 날 향기

원 숙 자

조심스럽게 내려치는 도리깨질에 향이 풀석풀석 일어난다. 온 동네가 고소한 들깨 향기로 가득하다.

며칠 전부터 이집 저집 들깨를 베어 널어놓고 비가 올까 노심초사 마음 졸였는데 다행히 이번 비는 보슬보슬 내리다 그쳤다. 농군들은 하늘에 감사를 드렸다. 들깨를 베는 날은 깻잎 향이 마을을 채우더니, 타작하는 날은 들기름 냄새를 먼저 선물로 보내온다. 아주 고소하다.

우리 마을은 산기슭이다 보니 다른 작물은 심을 수가 없다고 한다. 고구마나 콩은 고라니나 노루, 멧돼지가 모두 먹어버린다고 한다. 그나마 들깨는 향이 진해서 그런지, 산짐승들이 먹질 못한다고 하니 다행이다. 밭가로 삥~ 둘러 들깨를 심고, 한 가운데다 콩을 조금 심기도 하고, 한두 줄 고구마를 심기도 하지만 극히 소량이다. 시금치나 무, 배추, 취나물 같은 것들은 그들이 먹고 남은 것이 우리들 몫이지만 사먹는 것보다 나으니 그냥 동물들과 나눠 먹는다.

옛날 친정어머니도 항상 산밭에는 메밀이나 들깨를 심었던 기억이 있다. 산짐승들 때문에 다른 것들은 심을 수가 없다고 하셨다. 메밀은 말복에 맞춰 씨를 뿌려놓고 뵈게 심어진 곳만

솎아서 나물로 먹으면 맛있었다. 하지만 들깨는 7월 중순 쯤부터, 한여름 뙤약볕에서 모종을 내야 했다. 나는 밭 옆 웅덩이에서 물을 길어다 부어주고, 엄마는 심고, 그렇게 종일 애썼건만, 다음날 보면 모두 시들시들해서 또 물을 줘도 너무 뜨거운 날씨에 대부분 타죽어 버리면 엄마는 그곳에 모종을 다시 갖다 심곤 하셨다.

나는 그렇게 일만 하시는 어머니가 못마땅했다. 팔순을 훨씬 넘기신 노인네가 일만 하시는 모습이 안타깝고 싫었었다. 일 욕심이 많아서 그렇다고 생각하기도 했었다. 그래도 마음이 편치 않아 자주 들러서 도와드리곤 했다. 그것이 이렇게 아픈 그리움으로 남을 줄도 모르고…, 제발 이제 그만 일 좀 줄이라며 못마땅해 하고 잔소리를 했던 거다. 그저 어머니 일을 줄이는 것이 효도인 줄 알았었다. 지나고 보니 그것은 혼자 계시는 모든 시간을 달래주고, 외로움을 극복하는 방법이었다는 것을, 내가 나이가 들어서 혼자 있는 시간이 많아지고 나서야 깨닫게 되었다.

잘 자란 깨를 베어 깔아놓고, 며칠 뒤에 들러서 엄마랑 깨 타작을 했다. 어머니는 도리깨로 두드리면 깨는 가벼워서 밖으로 튀어나간다며, 꼭 기다란 부지깽이로 톡톡 두드리며 깨를 털었다. 나는 깻단을 날라다 어머니 옆에 깔아 놓아 드리면, 어머니는 두드리고, 다 두드린 것은 다시 갖다 깔아놓고… 그렇게 깨 타작은 며칠씩 해야 했다. 그때는 일만 힘들었지 이렇게 고소한 향이 좋다는 생각을 못했었다. 아니 냄새가 좋아도 일이 힘들어서 표현을 못했을 거다.

요 며칠 사이 앞집, 뒷집, 옆집, 건너 마을까지 깨 타작이 한

창이다. 깨 터는 냄새가 이렇게 좋을 수가 없다. 도리깨가 오르락내리락 하는 모습도 정겹다. 앞집에서 쓰는 도리깨는 울 엄마가 콩 타작을 할 때 쓰시던 걸, 내가 가져다 쓰던 거다. 이제는 아무런 농사를 짓지 않으니 앞집에서 빌려달라기에 아주 줘 버렸다. 묵히는 것 보담은 누군가가 쓰는 것이 더 낳을 것 같기도 했고, 돌아가신 친정어머니도 그것을 바라실 거라 생각해서였다.

그래서 그런지 수건을 쓰고 열심히 도리깨질을 하는 앞집 아주머니 모습에서 마당 가득 콩 타작을 하시던 엄마 모습이 아른아른 보인다. 고소한 깨 향기만큼 진하게 그립고, 보고 싶은 날이기도 하다.

하눌타리

박 금 아

집을 나서면 막 두 돌을 넘긴 손주는 길가 꽃들에서 눈을 떼지 못한다. 새로 피어난 꽃을 만나면 "꽃!", "꼬옻!" 하며 일일이 눈을 맞추는 바람에 꽃이 한창인 이즈음엔 어린이집에 가는 시간이 평소의 두 배나 걸린다.

건널목을 건너고 길을 따라가다 자두나무가 나오면 꼭 멈추어야 한다. 열 걸음 전부터 유모차에서 내려 달라고 야단이다. 지난봄 나무가 흰 꽃을 피워올렸을 때부터다. 그랬다가도 길섶 풀꽃들에 금세 마음을 빼앗기고 만다. 그런데 오늘은 자두나무를 지나고도 고개를 돌려 계속 "꼬옻! 꼬옻!" 했다. 손가락 끝을 따라가 보니 연한 연둣빛이 도는 꽃 세 송이가 길바닥을 따라 피어 있는 게 아닌가.

누군가 입었던 뜨개옷을 풀어 새 옷으로 짜려고 감아놓은 반짇고리 속 실뭉치 같았다. 타래타래 뱅뱅 틀어져 꼭 다문 봉오리가 이제 막 땅에서 피어나는 것 같기도 하고, 피었다가 지는 것 같기도 했다. 어린이집으로 가는 길섶에 있었다면 하루에도 몇 번이고 눈을 맞추었을 텐데 낯설었다. 노랗게 시든 이파리까지 달린 걸로 보아 오래전부터 그 자리에 있었던 게 분명한데, 이상했다. 사진을 찍어 검색창에 넣어 보니 '하눌

타리꽃'이란다.

늦가을에 담장이나 큰 나뭇가지 끝에서 담황색으로 달려 있던 그 열매의 꽃이었다. 가늘고 긴 줄기에 단풍잎처럼 생긴 잎과 덩굴손이 어긋나기로 나 있었다. 수직으로 길게 올린 꽃대 끝에 촛불 같은 꽃봉오리를 달고 흙 한 줌 없는 시멘트 바닥을 갈퀴처럼 거머쥐고 뻗는 모습이 아금바리 같았다. 행인들에게 밟히면 어쩌나, 넝쿨을 들어 자두나무 아래 꽃나무 위로 올려주었다. 오후에 손주를 데리러 가면서 피었나 보았지만, 꽃은 웬일인지 꽃잎을 다물고 있었다. 돌아오는 길에서도 마찬가지였다.

그날 밤이었다. 딸네에 있다가 집으로 가는 금요일이었다. 평소보다 많이 늦게 나선 탓에 걸음을 재촉했다. 버스정류장으로 걸어가고 있을 때 갑자기 하늘타리꽃이 생각났다. 꽃을 보려면 길을 건너 왼쪽으로 한참 올라가야 하는데 열 시가 다 돼가고 있어서 망설여졌다. 그러다 포기했다. 마침, 저편에서 601번 버스가 오고 있었다. 버스를 향해 중앙차선으로 가는데 다시 마음이 요동쳤다. 발길은 어느새 건널목을 건너고 있었다.

왼편 멀리 가로등 아래에서 자두나무가 손을 흔들었다. 나무 아래에 다다랐을 때 우뜰하여 숨이 멎는 줄 알았다. 화단의 푸나무 서리에서 하얀 꽃들이 활짝 피어 있는 게 아닌가. 꽃부리에서 흘러나온 수십 갈래의 실들이 때마침 불어온 밤바람에 세차게 흔들리고 있었다. 금실인 듯 은실인 듯, 온몸을 레이스로 휘감고서 풀머리를 휘날리며 하늘을 향해 피어나는 모습이 무대 위의 프리마돈나였다.

매혹적인 선율 속으로 콜로라투라 소프라노가 부르는《마술피리》속〈밤의 여왕〉아리아가 들려오는 것 같았다. 어디서 왔는지 박각시 몇 마리도 바람에 부대끼며 날았다. 그렇게 얼마나 서 있었을까. 정신이 들고 보니 막차 시간이었다. 버스 정거장을 향해 가면서도 꽃에서 눈을 떼지 못했다.

주말 내내 하늘타리꽃이 아른거렸다. 다음 주 월요일 아침엔 손주를 데리고 더 일찍 집을 나섰다. 몇 송이나 더 피었을까, 걸음이 바빠졌다. 웬일인지 꽃들은 죄다 입을 꾹 다문 채로였다. 오후에 아기를 데리러 갈 때도 하늘타리 생각뿐이었다. 집을 나서면서부터 달리다시피 했다. 김밥집 앞 건널목에 서 있는데 맞은편 꽃이 있는 화단께로 자꾸만 고개가 돌아갔다. 그런데 전에 없이 길이 휑했다. 서늘한 기운마저 감돌았다.

자두나무 아래에 섰을 때 악! 외마디 소리가 터져 나왔다. 무성하던 화단이 공연이 끝난 무대처럼 텅 비어 말끔해져 있었다. 전기 낫에 잘려 나간 풀 이파리들의 잔해뿐, 자두나무 아래 박태기나무에서도 쥐똥나무 가지에서도 하늘타리는 찾을 수 없었다. 무참히 베여 나갈 줄 알았더라면 우리 집 옹색한 화분에라도 옮겨 심어둘걸.

그 밤의 꽃들이 자꾸 떠올랐다. 그런데 꽃은 왜 환한 대낮을 두고 어두운 밤에 피었던 걸까. 마지막을 예감이라도 했던 걸까.

다시 하늘타리를 검색했다. 밤에만 피는 꽃이라는 말에 오싹해졌다. 빛이라곤 없는 곳에서 그토록 아름답게 피어나다니…. 어둠 속에서도 꽃을 피울 수 있다고 보여주고 싶었던 걸

까. 낮의 뭇시선들에서 멀어져 고독해졌을 때라야 비로소 자유로운 영혼이 될 수 있는 거라고 이야기해 주고 싶었을까. 땅바닥에서 피어 안쓰럽더니 땅에서 먼저 피어야 하늘에서 필 수 있는 거라고, 그래야 열매 맺을 수 있는 거라고 말하고 싶었던 걸까.

하늘타리가 먼 길을 떠나며 나에게 건넨 위로의 말이었을까. 그즈음 나는 심신이 지쳐가고 있었다. 세 번이나 코로나 19를 앓으며 급성폐렴에 다른 질병까지 겹쳐 심한 불면증으로 시들시들 말라갔지만, 그 시간에서 언제나 풀려날지 풀려날 수나 있을지 앞이 보이지 않던 때였다. 그때 하늘타리가 와 주었던 거다. 그 깜깜했던 밤, 나를 불러 최고의 무대를 펼쳐주었던 거다.

뿌리까지 뽑아내지는 못했을 터였다. 흙을 파헤쳤을 때 동그란 뿌리가 만져졌다. 얼마나 또 오래 견디어야 할까. 가만가만 흙을 덮어주었다. 단 한 번 만났을 뿐이지만 '나의 하늘타리'라면 내가 하는 말을 다 들었으리.

'하늘타리야. 지금은 볼 수 없지만 이 길섶 어딘가에서 네가 피어나고 있다는 걸 알아. 다음 생엔 세상 초목들 의지가지 삼아 높이높이 오르렴. 멀리멀리 뻗어가렴. 가을이면 파란 하늘가에 노란 열매를 내걸고 있을 너를 기다리며 오래 추억할게.'

11월의 언니
-산처럼 곁에 남은 그리움

김 정 진

겨울로 향하는 계절은 쓸쓸하다. 낙엽이 바람에 날리고 코끝에 찬 기운이 느껴지기 시작하는 11월 말로 접어들면 몸도 마음도 움츠러든다. 저만치 산도 더 멀리 느껴지고 선뜻 오르기 힘들어진다. 그러나 11월은 우리 자매들에게는 특별하다. 자매들이 나란히 11월에 결혼했다. 언제 동반 결혼기념일을 보내자고 입을 모았으나 실행은 못 했다. 앞으로도 못할 것이다. 작년 11월에 사랑하는 둘째 언니가 영원히 떠났기 때문이다. 이제 11월은 언니의 달이 되었다.

나에겐 3명의 언니와 3명의 오빠가 있어 참 든든하다. 그중에도 둘째 언니 밑으로 3자매가 연이어 있어 우리 셋의 연대감은 남달랐다. 아버지는 '덤으로 받은 선물'이라 하셨고, 그래서 우리는 더 끈끈했다. 둘째 언니는 못 하는 것이 없는 재주꾼이었다. 우리 세 자매는 공기놀이를 자주 하곤 했다. 우리는 마당 곳곳을 뒤져 공깃돌 하기 좋은 매끈매끈한 돌들을 주워 모았다. 마땅한 돌이 없으면 언니들이 큰 돌을 깰 정도로 진심이었다. 현관 바닥에 이들을 좍 펼치고 1단부터 시작하여 5단 째에는 많이 잡을 수 있는 만큼 잡아 손바닥을 뒤집어 놓

치지 않고 잡는 놀이를 하였다. 나보다 7살이 위인 언니는 가히 공깃돌을 쓸어 모아 단연 1위를 놓친 적이 없다. 또 언니는 재봉질을 잘하였다. 당시에는 옷감을 선물로 나누던 때였다. 예쁜 천이 있으면 나에게 맞는 원피스, 치마, 블라우스를 멋지게 뚝딱뚝딱 만들어 주어 학교에 뽐내며 입고 다닌 기억이 있다. 방학이면 엄마 몰래 만화책을 읽으며 언니가 부쳐 주던 부침개와 떡볶이를 먹던 기억은 아직도 입안에 남아 있다. 언니들이 여고, 대학교로 진학하면서 함께 할 시간이 많이 줄었지만, 언니는 학교생활, 문화 활동, 연애 이야기 등 많은 것을 이야기해 주었다. 덕분에 난 또래보다 조숙하게 커피를 마시고, 팝송을 즐겨들으며, 문학 작품들을 밤새 읽었다. 언니는 나에게 경이로운 세계 그 자체였다.

시간이 흘러 언니는 의사가 되었고, 양평에서 보건의 생활을 잠깐 했다. 언니를 만나러 가는 버스 밖 양수리 풍경은 어느 인상파 화가의 그림같이 아름다웠다. 농촌의 삶에 관해 들려준 언니의 이야기는 내가 의료사회복지 영역으로 진로를 모색하는 계기가 되었다. 언제나 나보다 두 걸음 앞서 길을 닦아준 언니는 내가 좋아하는 산처럼 든든한 언니였다. 난 대학 다닐 때부터 산을 좋아했다. 언제나 그 자리에 있는 산이어서 좋았다. 누구나 오르기로 맘먹으면 어느 길이든 곁을 내주는 산이 지금도 좋다. 오른 만큼 볼 수 있는 아득한 연봉의 향연과 시원한 바람으로 감싸주는 산이 좋다. 산을 오르며 나와 씨름하고, 내려오며 새삼 눈에 띄는 선물 같은 들꽃들과 뭐든 해낼 수 있을 것 같은 용기로 뿌듯해지는 산이 좋다. 가

끔 난 나를 키운 건 산이라고 생각하곤 한다. 내가 그렇게 산을 좋아한 것은 마음의 상처를 보듬어주고 신선한 공기로 감싸주는 산에서 다시 설 힘을 얻곤 했기 때문이다. 나에게 둘째 언니는 그런 산과 같은 존재이다. 무엇이든 기꺼이 내어주는 산과 같이 바람으로 꽃으로 나무로 나를 응원하고 이끌어주던 언니이다.

그러나 산 같던 언니도 병마 앞에서는 흔들렸다. 급성 림프종으로 투병하며 야위어 갔다. 항암치료로 마르고 머리카락이 빠져도 웃음과 긍정을 잃지 않았던 언니는 거의 완치되는 듯했다. 하지만 6개월 후 재발하면서 최신 치료기법을 다 해보았지만 악화하기만 했다. 생의 마지막 며칠, 우리 자매들은 병상에서 함께 했다. 밤새 고열과 통증에 시달리는 언니에게 얼음찜질해 주며, 손을 잡아주고, 어린 시절처럼 서로 의지했다. 암이라는 독한 세포들이 언니를 지배하여 수시로 섬망이 찾아왔다. 의식의 흐름이 자유롭다. 순간순간 어린 시절로 돌아가는 듯하다. 시골집 이야기도 한다. “우리 뭐 하고 놀까?” 아이처럼 속삭이기도 했다. 엄마를 자주 찾는다. 무엇인가 보이는지 자꾸 손가락을 들어 가리키며 말하려 하다가 우리가 못 알아들으니 포기한다. 그 순간 우리는 언니가 이미 반쯤은 저쪽 세계에 발을 딛고 있다는 것을 직감하며 불안했다.

이별의 순간, 우리는 언니의 귓가에 속삭였다. “언니 사랑해. 고통 없고 평화로운 천국에서 우리 기다려줘. 거기서 만나” 좋은 의사이자 따뜻한 엄마였고, 넉넉한 언니였던 그 사

람을 우리는 그렇게 보냈다. 몸은 한 줌 재로 유골함에 담겨 산 전망이 유난히 좋은 봉안당에 안치되었다. 고통으로 힘겨워하며 아파하던 언니의 외마디가 지금도 생생하다. 생의 마지막 말이 "아파"이다. 그 말이 마지막이 되었다는 사실이 지금도 가슴을 저민다. 우리 사이가 여기와 거기의 경계, 이승과 저승의 경계로 갈라졌다. 언젠가는 모두 그 경계를 넘어야 함을 알고 있지만 이렇게 갑자기 허물어짐에 온 힘이 빠진다. 그 경계에 막힌 지금 언니는 우리의 기억 속에 살아있다. 육체는 한 줌 재로 남았지만, 언니의 영혼은 여전히 우리의 삶 속에 있다.

삶과 죽음은 빛과 그림자처럼 서로를 비춘다. 누구나 죽음을 맞지만, 그 순간은 예측할 수 없다. 중요한 것은 어떻게 잘 사느냐, 그리고 어떻게 잘 떠나느냐, 일 것이다. 나는 믿는다. 언니는 영혼으로 부활하여 여전히 우리와 함께 있다고. 여전히 산처럼, 언제나 그 자리에 있다고.

11월의 언니. 겹겹이 쌓인 산봉우리와 푸른 하늘을 바라보며, 나는 언니를 본다. 첫눈이 내리면 언니의 모습은 더 아늑하게 다가올 것이다. 나는 그날을 기다린다.

시·2

들풀 외 2편

신 창 홍

메마른 들판에 피어난
들풀 한 다발
바람에 날리는 흙먼지 맞으며
운명처럼 낮은 자세로 흔들린다

생生을 선택할 수 있었다면
우거진 숲속에 신록으로 빛날 것을
너도 거칠고 메마른 들판을
꿈꾸진 않았으리라

간절한 만큼 비는 아니 오고
따가운 햇빛 피할 그늘도 없어
무슨 생각으로 인내하고 있는지
안타까운 마음 그지없는데

낮게 날리는 수많은 꽃가루 행렬
또 어느 하나 들판에 뿌리내려
모진 생명으로 마음을 다칠까 봐
5월의 긴 하루를 애잔하게 보낸다

서랍을 고치며

고장 난 책상 서랍 손질을 위해
잠자던 잡동사니들을 하나둘 들어낸다

잊고 살았던 오랜 흔적들이
분리수거 되지 않은 세월과 함께
아무렇게나 뒹굴고 있다

오랜만에 느껴보는 지난 시간의 편린들

버리고 싶다고 지워진 날은 없었기에
산다는 것은 늘 긴장의 연속이었다
수없이 부딪치는 크고 작은 모순들도
결국 자리가 있는 퍼즐 조각들

버리려다 다시 서랍에 넣는다
노병의 오래된 장신구처럼
굴곡진 발자취도 다정할 수 있도록

시계의 이분법

앞선 그림자를 잃어버렸다
너와 나의 거리는
측량할 수 없는 무한궤도
서로의 관심에서 멀어지는 동안
우리는 얼마나 마음을 닫고 있었는지

애틋한 감정이 밀려올 때면
하염없이 너의 길목을 서성이지만
그 짧은 순간의 해후는 바람처럼
기다림의 설렘만 흔들어 놓고
아물던 상처는 또다시 깊어지는데

그렇게 시간은 시침이 되고
그렇게 세월은 초침이 되어도

떨어질 수 없는 운명을
함께 할 수 없는 잔인한 시간
애타는 마음만 간직한 채
타인처럼 제 갈 길을 가야 한다

시간이 지나간 자리에 시간이 온다

카멜레온 외 2편

변 예 랑

잎보다 먼저 온 꽃들이 낮빛을 수집한다
떨어진 꽃잎들이 바닥에서 이울고
예고 없이 우박이 내린다
봄이 쫓겨 다니는 골목에 꽃대처럼 서 있다
흰 꽃을 기억하는 동안 라일락이 핀다
우아한 종種이란 믿음이 생각 밖으로 빠져나간다
저들이 내려놓은 그림자가 짙어진다
우는 법과 웃는 법은 어디에서 배워야 할까
말수가 적어서 글눈이 잘 떠지지 않는데
말이 많아지니 사람보다 꽃이 더 와 있다
같은 세상 같은 절기에 우수수 색을 펼치는 무의미
어쩌면 가난한 수면이 저 색을 입었을까
향기로 얻은 명줄이 변덕스러운 날씨에 흔들린다

비보호

건너고 가로질러야 닿을 수 있다

붉은 신호등이 깜박거리고
다급해진 발바닥이 허방을 딛는다

너에게로 가는 길 런지걸음이면 어때
바람을 등지고 창백한 날씨와 다툰다

유명인이 심장마비로 명을 달리했다는 소식
소식은 순간순간 신호등이 된다

습관성 비보호에 흔들리는 너의 눈
소량이라도 너의 눈물이 되어 줄게

사람에게서 진정한 자유는 신호등을 잊는 것
모래시계처럼 흐르는 것
더 나은 유토피아
돌아온다는 말과 돌아간다는 말이 한 공간에서 휘돈다

호흡이 걷고 신음이 달린다

끝이 없다, 하루가 저물어도 끝없이 밀려오는 크로노스

목덜미가 젖으면 슬픔이 조금 마를 뿐
아름다운 아침은 궤도를 이탈하지 않고 온다

기약 없이 흘러간 너와의 흔적들이 깜박거린다
소실점 밖에서 네가 웃고 있다

너를, 입다

하양으로 분홍으로 깜장으로
자유롭게 흔드네

추워서 너를 버리면
너는 옷을 벗어 버리네

차가운 날 옷 한 겹씩 더 입네
너의 겨울을 잊어버리네
주머니 속에 넣은 두 손이 안녕, 하고 잠이 드네

너는 바람을 맞고 바람을 읽네
불안에도 불안을 잊어버리는 습성으로

낮은 온도에 머무는
그 많은 손을
무심한 나에게 안녕 안녕 하며 수시로 흔드네

허공에서 춤추는 너의 손
비가 내리고 비가 퍼붓고
소란에 깬 내가 파란에 물들며 겨울을 벗네 너를 입네

옥탑에 올라가 펄럭이며
안녕 안녕 푸른 입으로 함부로 떠들기 시작하네

그럼에도 목젖은 젖지 않고
너의 팔로 자유롭게 흔드네 펄럭이네

등나무 전지 외 1편

박 원 희

등나무가 다 잘렸네
보라꽃 잎도 모두 없어지고
둥글고 검은 고동색 열매도 모두
없어졌네
양력 말복이 지나며 낙엽이 지기 전 모두 전지했네
그만큼 얽히고 얽혔던 한 시절이 잘려 나갔네
어디서 와 어디로 가는지 모르는 세상
한껏 왔다가 엉키고 뒤틀며 살다
등나무 가지 흔적을 감추었네
사랑도 감추었네
증오도
없어졌네

일몰의 시

나는 오늘을 떠나가네
밤이 되어도 잠들지 않는 대지를 향하여
붉은 피 토하며 오늘 이야기하는 하루
산다는 것은 내일의 기약이 있으므로
오늘 희망의 끈을 놓지 않는 붉은 정열
밤이 되어도 꺼지지 않는 불꽃으로 살아
나는 오늘을 떠나가네
다시 오지 않을 오늘을
사랑하며
이루어지지 않을 연애처럼
돌아오지 않는 꿈
붉은 피 토하며
서녘으로 지는 해는 애달파
나는 오늘을 떠나가네
돌아오지 않을 생의 하루를
점점 더 불타올라 암흑으로
떠나가네

광장에서 외 2편

박 영 선

군대가 지나가고
검사가 지나가고
주정뱅이가 지나가고
목사가 지나간다

태극기는 펄럭이고
공허하게 펄럭이고
성조기는 펄럭이고
애매하게 펄럭이고

난 죄가 없어
죄인이 큰 소리로 외친다
내 죄는 내가 사할게
손만 씻으면 되는 거지

무당들이 내방 장롱에서 점을 치고 있어
내 점괘는 무죄라고

깃발을 흔들어줘
저주의 함성을 울려줘

악취 가득한 광장
죄인을 숨긴
무리들이 트로트풍으로 웃는다
태극기가 펄럭인다

유튜브 속으로 들어간 죄인은
가면을 쓰고
더 높은 장벽을 친다
눈과 귀가 가려진 저들의 함성
형편없는 함성
광장은 어두워가는 중이다

사소한 일들은 조금 더 사소해지고

그녀가 떠나갔네
차갑게 웃으며 떠나갔네
그녀가 앉았던 자리는 움푹 팬
낡은 나무의자 같았지

나는 오래도록 반성을 했어
저녁의 빈 나뭇가지들이 소리를 낼 때나
이른 아침 눈 내린 광장을 볼 때나
모자를 쓰고 지나가는
어떤 여인을 볼 때도 반성을 했어
반성은 잘못해서만 하는 것은 아니어서
때론 어떤 돌아봄의 의식 같기도 하지

오랜 세월 우리들의 화음은 꽤 잘 맞기도 했는데
그 노래를 기억할까
메타세쿼이아 솔방울을 줍던 길
걸을 때 긴 스커트에서 바람 소리가 난다고
나는 말했었지
기억은 표정이 없고
생선 가시 같은 나뭇가지들만 허공에 떠있네

갑자기 그녀와의 추억들이 귀찮아졌네
사소한 일들은 조금 더 사소해지고
말랑한 것들이
사라져 갔네

짧은 그림자

느티나무 아래
떨어진 매미 한 마리
작은 배 위로 간절한 손과 발 모은 채
경건히 누웠다
목이 메던 너의 노래는
마지막 여름 햇빛에 타살되었지

사랑을 이루었을까

먼지보다 가벼운 몸 하나 풀썩인다
부스럭거리며
한생이 가는 소리
바닥을 스치는
짧은 그림자에
무심히
발이 걸린다

기일 외 2편

박 선 옥

우물가 가로등 아래
떨어지는 꽃잎들
바람이 지나간 자리
보일 듯 말 듯 들려오는 저세상 이야기
두견새 울음보다
더 애달프게 전해지는 편지
별이 된 엄마 소식
엄마가 서 있던 마당에서 열어본다

하직

삶을 내려놓고서야
편안해진 너를 바라보았다

다 피지 못한 꽃
상처 입고 견디다가
스치는 바람에 떨어지는 꽃잎
모두가 네 눈물임을 알았다

모두 잊어야지
이제는 보내줘야지

우리는 돌아서서 한참을 가다가
아쉬워 다시 돌아보니
다시 네 곁에 와 있었다

하직은 보낼 수 없어
함께 가면서 돌아서는 것
아픈 데로 안고 가다가
그렇게 헤어지는 것이기에
너와 이별하기 위해 너를 안고 간다

시골 빈집에서

십 대 후반 고2 때인가
객사에서 마당 끝 장독대 아래 관을 두고
대청마루에서 큰딸 친구를 부여잡고 우시던 모습
눈에 선했다

세월은 젊음을 훌쩍 삼켜 버리고 말이 없다
장독대 오를 때마다 그 아래 관이 생각났다

마을 사람 이젠 한 집 두 집
넝쿨만 덮어있는 시골집
유령처럼 반기는 눈빛들
슬픈 내력을 펼치고 있다

다시 오지 않을 길
보내야 하는 심정으로
지상에서 마지막이었을
그네들의 밤을 적고 있다

능곡동 임석이뎐·1 외 2편

문창길

그는 늘 활기찬 동네 친구다 알게 된 지 서너 달 밖에 안됐지만 그의 몸엔 다혈질과 순박함이 섞인 생기 가득 찬 인물이다 얼마 전 다니던 일자리 없어져 치킨집 야간 배달부나 해야 될 것 같다며 살아갈 걱정을 토해 놓는다 늘상 우리는 만날 때마다 생맥주집에서 500cc를 들이키며 집안 얘기나 세상 돌아가는 이야기를 나누곤 한다 그런데 임석이는 요즘 조급증적인 모습을 보이고 있다 앞으로 어떻게 살아가야 하느냐는 투다 그 사정이야 나와 똑같지만 내가 뭐라 희망스런 대답을 해줄 수도 없고 내 앞길도 막연한 속내를 다 털어낼 수야 없지만 어쨌든 그에게 막막하게 닫혀있는 세상 문을 여는 데 도움될만한 표현을 찾아야 한다

그의 삶의 무기는 손재주이다 누가 쓰다 버린 가구나 전자제품, 헌 옷 등을 모아 새로운 제품으로 만드는 솜씨가 여간 좋은 게 아니다 어느 날 살기등등한 목소리로 전화가 왔다 형님 선물 하나 드릴 테니 만나자는 것이다 무엔가 싶어 동네 호프집에서 보기로 했다 그는 작은 용달차를 몰고 의기양양하게 와서는 짐칸에 실린 식탁을 내리며 주절주절 설명한다 동네 어느 집에선가 쓸만한 물건 하나 버려진 것을 다듬고, 닦고, 꾸며서 내심 형 생각하는 양 가져온 것이다 순박하기도 하

고 기특하기도 한 친구의 호의를 무시할 수 없어 집에 들여놓고 가까운 생맥주집으로 향했다

임석이는 쉬지 않고 말을 쏟아낸다 강원도 고성 군부대 신문 돌리던 일, 아파트 단지 자율방범대원으로 활동했던 일, 미화원으로 거리를 쓸다 차에 치인 일, 시민단체에서 일을 돕던 경력 등을 신나게 풀어내고 있다 그는 다양한 취업경력과 사회 이력을 열거하다 문득 씨이~바아알 하고 욕을 내뱉는다 당황한 나는 진정시키며 왜 무슨 사정 있냐고 묻자 사십 몇 년을 그야말로 자기처럼 뭣 빠지게 살아온 인생 있으면 나와 보라고 그래 하고 냅다 고함친다 나는 하늘을 우러러 몇 점 부끄러운 기분으로 그를 다독이다 맞다 이놈의 나라꼴이 엉망이지 그래 경제 잘할거라 뽑힌 엠비대통령 수~운 엉터리지 4대강이나 파헤치고 왜놈들한테 뒤통수나 터지고 젊은 오바마에게 설설거리고 이거 대한민국 절단 나는 것 아니냐 에라이 어느덧 몸에서 높아지는 알콜분포도와 분노 섞인 내 목소리에 친구 놈의 흥분이 잦아들기 시작한다 임석이 한잔 더 마셔

능곡동 임석이뎐 · 2

동네 친구 임석이가 시인이 되었다
거참 신기 방통하다
도저히 시 쓸 성격도 아니고
숨은 재능도 눈치채지 못했다
그저 봉사단체 가서 심부름이나 하고
재활용품 모아 닦고 조이고 해서
살림에 보태는 기초수급자 임석이로만 알았다

기초수급자 임석이 시인이 되기 전
그는 늘 명랑하고 혈기방창하고
그렇게 만날 때마다 형님 시 한편 써 주시오
냅다 주제도 없고 이유도 모를 원고 청탁을 한다
나야 우물쭈물하다 마감기한도 무한한 청탁에
알았네 알았어 그런데 시는 — 왜?
아 우리 마누라가 몸도 못 가누는 중환자인 거 알죠?
근데 형님 시 한 편도 못 본 주제에 아주 열렬 팬입니다
흰눈 쌓이는 이 거룩한 겨울밤
따끈한 형님 시 한 편 읽고 싶다는데 하나 써 주시오
하 이런 난감한 숙제가 내게 주어지다니

임석이 며칠 전 동네 호프집에 보자고 핸드폰을 울린다
오늘은 또 무슨 짜릿한 소식이 있나 싶어
기대 반 투정 반으로 나갔는데 그야말로 쇼킹하다
동네 후배 기초수급자 임석이 시인 등단이란다
그야말로 숨은 재주가 빛을 내는 것인지
아니면 능곡동 골목에 시인 선생 하나 재림예수로 나신 것인지

동네 친구 임석이 아니 서임석 시인을 보면 부끄럽다
그래서 나는 반성한다
그보다 혈기방창하게 시를 잘 쓰는 것도 아니고
그보다 하늘을 우러러 아름답게 잘 사는 것도 아니고
그보다 경천동지할 전망이 보이는 것도 아니고
그래서 나는 동네 호프집 술탁에 앉아
그의 얼굴을 똑바로 보지 못하고 불콰한 얼굴을 마냥 감춘다

표현의 자유

그림을 그리는 다섯 살 겨레군
아이의 관심사는 늘 강남스타일을 부르는
가수 싸이에게 쏠려 있다
역시 그림의 소재도 싸이의 다양한 춤 동작이다
아이는 엄마 아빠 얼굴엔 관심이 없다
그려 달라 애걸복걸해도 소용없다
아이의 그림은 명작이다
그림을 꽤 그리는 화가도
개그만화를 그리는 만화가도
역대의 피카소도, 단원 김홍도도
감탄할 상상력이 숨어있다
이 아이의 미적 상상력은 감히 놀랄만하다
자유로운 터치와 필치
신통할 만한 색감
겨레군의 유일한 그림 소재는
강남스타일의 싸이다
어제도 오늘도 마찬가지이지만
내일도 그럴 것이다
곧잘 춤도 추면서 진지하기 짝이 없다
모든 춤동작을 기억하는 그 아이는

그림 선생도 춤 선생도 없다
오직 컴퓨터와 핸드폰이 참고서이고
아이의 선생님이고
가수 싸이는 모델이다
겨레군의 그림 그리는 순서는 실로 방통하다
싸이를 그리는데 춤추는 발동작부터 시작
위로 올라가기 시작한다
다양한 표정의 싸이 얼굴은 가히 신묘하고
구체적이고 매우 리얼싸하다
그래서 이 어린 화가의 그림 주제는
자유다 평화다
분방한 표현이다

오로라 외 2편

김 홍 섭

얼마나 찬연한 춤인가
얼마나 고요한 함성인가
얼마나 오묘한 신비인가

여기 북극의 추운 깊은 밤에
그대들은 아름다운 생으로 빛나고
사라지고 다시 꽃 피는가

내가 태어나기 전부터 아득한 우주 탄생부터
여기에서 늘 노래하는 생명의 환희
영원한 실존

빛들이 출연한 하늘 제전에
춤추며 노래하며
침묵하며 꽃피우며

달려가고 멈춰 서고 다시 일어서고 눕고
노래하며 바람 불어오고
다시 휘몰아 바람 몰아가며
돌아눕고 일어나 달려 나가는 폭발하는

창세부터 지금까지 세상 끝 날까지
우주 온 공간에 그득한
당신의 임재

고공농성과 말벌*

그대는 높은 곳을 싫어했지 살기 위해 높은 굴뚝에 올라 무서움과 싸우고 있지

찬 바람과 무서운 고독은 죽음보다 아프고 힘들지

겨울 지나 봄이 오는데 그 높은 고공에도 봄이 올까 봄이 올까

그대의 옷깃 속으로 봄바람이 올까

9m 최고의 공포 높이에 홀로인 그대에게도 봄이 올까

여기 다수의 말벌 동지들 와 합세하네 고공까지 봄을 올려 보내네

5m 정도되는 낚싯대 이용해 꽃을 높은 굴뚝의 그대에게 올려 보내네

꽃을 받아 든 그대의 얼굴에도 봄이 왔네

그 꽃을 굴뚝 언저리에 붙여 놓으니 굴뚝에도 봄이 왔네

고공의 그대와 바닥의 우리는 성도 몰라 이름도 모르지만

굴뚝의 추위가 내 추위여서 참을 수 없네 고공의 밤이 내 잠을 설치네

절망의 곳에 희망을 싣고 가는 희망 버스처럼 찬바람의 굴뚝에서 함께하는 동지들이 봄별이네

남태령에 막힌 농부 위해 사방에서 몰려온 우리들의 빛줄기들 찬 겨울을 밀어내네

고공에도 봄이 오고 막혀도 길이 열리네 우리는 벌떼처럼 하나 되네 하나 되네

*말벌: 꿀벌을 구하기 위해 어떤 상황에서든 달려가는 말벌 동지를 의미

어느 기차역 가고 있을까

인생은 달리는 기차, 너와 나도 달려가는 기차
기차가 서는 역에는 큰 역, 작은 역이 있다.
급행은 지나치고 작은 마을 시골에도 멈춰 서는 고마운 역도 있다.
달마갈이 동쪽으로 달려가 속초 삼척 정동진이 종착역이고
서으로 가는 달같이 인천 대천 군산 목포역
남쪽 따뜻한 여수 삼천포 진해 통영역
북으로 평양 신의주 청진 나선 지나
한없이 이어져 만주 연해주 시베리아 하바로프스크 이르쿠츠크
모스크바 탈린 로테르담 헬싱키까지
바다 밑으로도 이어져 프랑스 칼레 지나 영국 포그스톤 런던 글래스고우까지
가장 높은 5,068m 칭짱 열차 탕구라역, 가장 낮은 해저 240m 세이칸 터널
우리 인생의 달려갈 기차, 그대와 맞잡은 우리들의 손
지금 어디쯤 가고 있을까 은하 철도 달리고 있을까
안드로메다 은하 저편 날고 있을까 멈춰 설 곳은 어디인가
어느 하늘 역에선가 빛나고 있을까

은빛 멸치 외 2편

김 이 담

식탁에 올라온 멸치를 보며
생각한다 저 쬐그만 몸으로 끌고 다녔을 바다를
혼자서는 건널 수 없는 벼랑길
떼 지어 군무를 펼치며 바다의 배때기를
수면 너머까지 뒤집으며

흰수염고래보다 큰 몸짓으로 흩어지고 다시
뭉치며 방향 없이 일사불란한 카드섹션
전속력으로 울퉁불퉁 내달렸을 저것들
한때는 밤하늘 안드로메다 성좌였으리

속력은 언제나 죽음의 덫인가
흘러내리는 한 방울 물음표
함께 그물코 흔들던 바다의 심장

시커먼 창자를 토해낸 뼈와 살에는
엷구리 긋고 지나간 빗살무늬
파도길이 선명하다

폭풍을 뚫고 해일을 뛰어넘던, 소금꽃 한 잎
지느러미를 치며 어둔 하늘에 길을 내는
별들을 궁굴려보는 밤이 깊어간다

길바닥의 오백 나한들

창밖은 송이눈 내리고
나는 엎드려《금강경》을 읽는다
어둠의 활자들 행간에
쌓이는 눈보라

시대의 밥이 되기 위하여
질척한 아스팔트 영하 10도의 얼음장 위에
은박지 접어 삼각김밥이 된 사람들

시민들 짓밟는 군홧발 지우며
밤새 뜬눈으로 줄지어 나앉은 오백나한들

자유와 평등, 간구하는
묵언의 눈발 깃털 세우며
날갯짓하는 천인 천녀의 옷자락들

멀리 지방에 있다는
핑계와 이유를 만들면서
저들, 몸으로 짓는
평화의 흰밥 받아들고

하이고何以故, 오래된 질문
저 숨결이 하늘의 길임을
새삼 깨닫는다

북실에서 남태령으로

폭설이야 폭설
쓰러지고 엎어지는

척왜척양 척양척왜 찢긴 깃발 아래
함성 높이 펄럭이는 무명베옷 핫바지들
눈 위에 눈을 덮네

심장에 꽂은 만 개 죽창
죽어도 죽지 못하고
빈 들녘 떠도는 저 원혼들

트랙터 달달달달 이레 아흐레 보름
왜놈에 굽신대고 시민들 짓밟는
무모한 정권 갈아엎으러 달려온
농투사니들

경찰이 앞을 막네, 남태령 마루턱
오밤중 골목골목 영하 10도의 살얼음 속
갑오년 봉준이 여럿 깨어나서
커피며 라면 펄펄 끓는 곰국들

훈김 내어 길을 뚫네

봄은 절로 오는 게 아니라
우금치에서 북실*에서
빛진 목숨들이 앞장서네

* 동학농민혁명의 최후의 전투지 하룻밤을 넘기는 사이 2600여 명이 산화한 보은 종곡리 일대의 옛 이름

저수지 외 2편

김 은 옥

그믐밤 물 깊은 눈동자가
밤하늘의 동정을 살피고 있다
가끔씩 누군가 꼬르륵 물먹는 소리
별빛마저 어디로 갔는지
검은 하늘 위에서 거대하다
어둠의 피륙으로 살을 감추고
별빛을 발라낸 가죽 냄새 가득하다

그믐이 제 몸을 거두고서야
그 이마 그 눈빛 떠오를 것이다
물결이 희미하게 떨리기 시작한다
들린다
어젯밤 몸 뒤척이던 신음들

초록

육덕 좋은 저 햇살
나무마다 꽃마다 마구마구 몸 치대더니
봄날을 초록으로 가득 채워 놓았군

별 하나 나 하나 별 둘 나 둘
어느 밤 별똥별 하나가 나를 관통해 왔지 예고도 없이
내 몸에 깊은 구멍을 만들어 놓더군
불의 제단에 던져진 느낌이었지

마지막이 듯 거대한 초록을 망막에 비춰 보는데
별똥별 앞다투어 꽃피우는데
초록도 구멍같이 타오르는 어둠이더군

거미줄

갈겨놓은 시가 짓다만 거미줄로 보인다

내가 씨줄날줄로 엮어놓은 폐허에서
세 살쯤 된 눈빛이 두리번댄다
씨줄에 간당간당 매달려서
쉬도 하고 침 묻은 고무젖꼭지를
날줄에 문지르다가 아무 데나 두드리기도 한다
기저귀 불룩한 엉덩이로 주저앉아서 먼지를 빨아먹기도 한다
안 돼요!
소리가 목구멍에 걸려서 나오지 않는다
나는 연신 새로 줄 치고 아기는 뜯어내고

아기의 순금 빛 손가락을 들어 올려서
가야금 줄에 올려주듯 공손하게 올려준다
줄 끊긴 가야금은 고쳐 써야 한다

다시 갈기기 시작한 시가 폐허에 홍건하다
잘 빚어낸 거미줄을 걷어낸다
나는 세 살짜리 눈빛이 된다

【필자 약력】

소설_

정수남 e-mail: jjssnam@hanmail.net
1945년 평양 출생. 1984년 <서울신문> 신춘문예로 등단. 자유문학상, 대한민국 장애인문학상, 한국소설문학상 등 다수 수상. 작품집 『분실시대』 『타성의 새』 외 다수. 시집 『병상일기』. 정수남 문학공작소 운영.

임철균 e-mail: berlinangel@hanmail.net
1964년 광주 출생. 가톨릭대학교 국어국문학과. 동 대학원 박사졸업(문학박사) 2005년 가톨릭대문학상 소설 당선. 2017년 『창작21> 소설 등단. 2017년 『제1회 박종철문학상』 소설 대상 수상. 2025년 제주도 서귀포문학상 소설 당선. 2024년 『 작가연대 』 평론 등단.

수필_

원숙자 e-mail: sujanwon@hanmail.net
2017년 『한국수필』 수필, 2020년 『창작21』시 등단. 수필집 『남편과 참새농장 주인』 『남편과 마법상자』 외 다수.

박금아 e-mail: ilovelucy@hanmail.net
삼천포 출생. 숙명여대 불문과 졸업. 2015년 『매일신문』 신춘문예로 등단. 해양문학상, 등대문학상, 천강문학상 수상. 수필집 『무화과가 익는 밤』. 2019년 아르코 문학창작기금 수혜. 제2회 창작21작가상 수상.

김정진 e-mail: kimjj57@gmail.com
2025년 계간『창작21』 수필 신인상 등단, 이화여자대학교 및 대학원 졸업(문학박사). 현 태화복지재단 감사.

시_

정안덕 e-mail: jad1215@naver.com
전남 나주 출생. 숭의여대 미디어문예창작과 졸업. 2014년 『한국인문학』 수필 등단. 2018년 『창작21』 시 신인상으로 등단. 시집 『연두공을 치는 여자』『네거리를 건너가는 산』. 수필집 『하늘의 별을 따라고 하세요』.

장혜승 e-mail: hsjang2625@hanmail.net
경북 의성 출생. 2003년 『현대시학』 시 신인상으로 등단. 시집 『씨앗』 『아직도 읽는 중』.

이중동 e-mail: whrkrekf12@naver.com
2019년 『창작21』 신인상으로 등단. 시집 『보헤미안을 기다리는 저녁』.

이정희 e-mail: ljh652711@daum.net
전남 보성 출생. 2017년 『창작21』 신인상으로 등단. 시집 『모과의 시간』.

이선유 e-mail: leesj4363@naver.com
충남 청양 출생. 2016년 『창작21』 신인상으로 등단. 시집 『초록의 무늬』. 제1회 창작21작가상 수상.

윤선길 e-mail: baseysg@hanmail.net
장안대 문창과 졸업. 2011년 『창작21』 신인상으로 등단.

양형진 e-mail: ya0414@hanmail.net
2024년 『창작21』 신인상 등단.

안재홍 e-mail: koduam0819@hanmail.net
강원도 영월 출생. 2019년 『창작21』 신인상으로 등단. 시집 『무게에 대하여』. 한국작가회의 회원. 한뉘문학 동인.

신창홍 e-mail: dkenqi@navetr.com
『대한문학세계』 시, 한국시사문단 수필 등단. 안양작가회의 기획위원장. 글길 동인. 시집 『깨어있는 날들』 『환승역』 외.

변예랑 e-mail: byr8899@naver.com
경북 청도 출생으로 2020년 『창작21』로 등단했으며 시집 『빨강을 입다』가 있다.

박원희 e-mail: idenv@daum.net
1963년 청주 출생. 1995년 『한민족문학』으로 작품 활동을 시작하였다. 한국작가회의 충북지회, 민족문학연구회 회원, 엽서시동인, 충북민예총 부이사장이다. 시집으로 『나를 떠나면 그대가 보인다』 『아버지의 귀』 『몸짓』 『방아쇠증후군』 『아내』 등이 있다.

박영선 e-mail: sgogs@hanmail.net
전북 김제에서 태어나 광명에 살고 있다. 시집 『조금 더 사소해지는 사이』로 작품활동 시작. 시집 『분홍달이 떠오릅니다』. 제4회 창작1작가상 수상.

박선옥 e-mail: psunok@naver.com
2024년 계간 『창작21』 신인상으로 등단. 풀밭 동인.

문창길 e-mail: dlkot108@daum.net
1984년 두레시동인으로 작품활동 시작. 시집『철길이 희망하는 것은』(문화예술진흥원 창작지원금 수혜). 『북국독립서신』(2019년 경기문화재단 지원금 수혜 및 문학나눔도서 선정). 인도네시아 번역시집 『Apa yang Diharapkan Rel Kereta Api』.

김홍섭 e-mail: ihomer@hanmail.net
성균관대(대학원)경영학과, 서울대 대학원 졸업. Canada Trinity Western Univ.(TWU) 초빙교수. 2010년 『문학세계』 신인상으로 등단. 시집 『기다림이 힘이다』 『나는 어떻게 물들고 있을까』 외. 인천대 명예교수.

김이담 e-mail: i815815@hanmail.net
충북 보은 생. 2019 계간 『가온문학』<가온이 발굴한 시인>에 '그 바다의 뒷모습' 외 다수 작품 발표. 시집 『그 벽을 껴안았다』 외 다수.

김은옥 e-mail: indienk@hanmail.net
2015년 『시와문화』 신인상으로 등단. 수필집 『고도孤島를 살다』. 시집 『안개의 저쪽』(2022년 경기문화재단 지원금 수혜). 제3회 창작21작가상 수상.